当今美国农业与美国农业政策

张蕙杰　赵　将　姜常宜　段志煌　著

中国农业出版社

北　京

目　录
CONTENTS

第一章

当今美国农业概况

一、　美国农业的自然禀赋

美国是世界农业生产大国和主要农产品出口国，其农产品在国际农产品市场中占有重要的地位。美国独特的地理环境、多样化的适宜气候、富饶的国土资源为农业生产提供了良好的物质条件。而美国发达的农业科技和便利的交通运输条件则进一步强化了美国农业的全球相对优势。

1. 地理环境

美国 70% 以上的耕地是以大面积连片分布的方式集中在大平原和内陆低原，且土壤以草原黑土（包括黑钙土）、栗钙土和暗棕钙土为主，有机质含量高，特别适宜农作物生长。不仅如此，美国农业的地理环境有利于农业机械化生产、标准化生产、专业化生产及农业产业化经营，有利于大型水利等农业基础设施的建设及农业科技的应用推广，为农业生产效率的提升提供了良好条件。

2. 气候条件

美国大部分地区处于温带，气候较适宜农业发展。以艾奥瓦州、伊利诺伊州为中心的中西部地区以大豆、玉米生产为主；以得克萨斯州为中心的南部地区以牛肉等畜产品生产为主；北达科他州、堪萨斯州等地区以小麦生产为主。

3. 土地资源

美国的国土面积 93 700 万公顷。根据美国农业普查数据，2017 年，美国农用地面积 36 423 万公顷[①]，约占国土面积的 38.9%。其中，耕地面积 16 044 万公顷（占比 44.0%），林地面积 2 958 万公顷（8.1%），牧地面积 16 219 万公顷（44.5%）。

4. 运输条件

美国农产品的内陆运输方式包括水运、汽运和铁路运输。在短途运输中，如州内运输，汽运占绝对优势，在长途运输中则以水运和铁路运输为主。

水运方面，主要航道为美国密西西比河。密西西比河源于美国北部的明尼苏达州，全长 4 000 千米左右，是北美地区最长的河流，沿途流经 10 个州，自北向

---

① 截至 2017 年统计数据。美国农业普查每五年进行一次。

南流经圣保罗、圣路易斯、孟菲斯等重要河港城市，最终经新奥尔良注入南部墨西哥湾。虽然美国交通运输业不断发展，交通运输方式持续演化，但密西西比河仍然发挥着重要的作用。根据美国国家密西西比河博物馆和水族馆的统计，密西西比河每年货运量已超过 4.72 亿吨，美国一半左右的谷物通过密西西比河运送出口。

铁路运输方面，美国铁路大动脉，横向有从纽约到洛杉矶的"两洋"铁路（大西洋到太平洋铁路），纵向有从芝加哥到新奥尔良的铁路，一纵一横交会点是圣路易斯，芝加哥是美国最大的铁路枢纽，是所有横贯美国东西海岸美铁列车的始发站和终到站。美国铁路运输的兴起促进了农业迅速发展，根据美国农业历史资料记载，新技术对农场主的意义莫过于运输，运输是销售的关键，铁路运输降低了运输和装卸费用。在前铁路时代，美国农业较为发达的地区多集中在内河航运可以影响到的地区。铁路的建设和发展则改变了美国农业发展的空间结构，为其提供了向远离河流（包括运河）的内陆地区扩展的机会。19 世纪的铁路建设，尤其是铁路网络在西部地区的延伸和完善，引领了美国农业从东部向西部的扩展。截至 19 世纪后期，美国的铁路网络已经基本覆盖全美国。

美国南部墨西哥湾和西北太平洋（Pacific Northwest）港口是美国农产品主要出口地区。其中，墨西哥湾为美国最重要的农产品出口地区，美国 60% 的大豆、50%～60% 的玉米和 15% 的小麦均通过该地区出口；美国约 20% 的大豆、20% 的玉米、40%～60% 的小麦通过美国西北太平洋港口出口，波特兰、西雅图是该地区重要的出口港，对亚洲东部有运距优势。而新奥尔良位于密西西比河口，交通便利，地理位置优越，是最主要的出口港。

二、 美国农业的生产结构变化与技术进步

美国农业在 20 世纪经历了巨大的改变。19 世纪初的美国是一个劳动密集型国家。20 世纪初，有 41% 的劳动力从事农业生产。到了 1930 年，这一比例下降至 21.5%，而农业产出在美国国内生产总值（GDP）中的占比为 7.7%。截至 2002 年，只有 1.9% 的劳动力从事农业生产，农业产出在美国 GDP 中的占比降低至 0.7%。20 世纪初至今，美国农村人口和农业劳动力人口一样，在全国人口中的占比不断下降。随着农村人口的迁移，美国农场数量也不断下降，而农场经营规模随之扩大。1900—2000 年，美国农场数量下降了 63%，而美国农场的平均规模则增长了 67%。在此过程中，美国的农场变得更加专业化，农场生产的产

品种类从 1900 年的平均 5 个品种减少到 1～2 个品种。化肥、机械化技术和信息化技术的广泛应用，推动了美国农业生产率不断提高。进入当代以来，美国的农业发展基本延续了之前的发展趋势，并呈现出以下几个特点。

第一，美国的农业经济在国民经济中所占比例较低。2020 年，美国 GDP 为 20.9 万亿美元。其中，第一产业增加值为 1 758 亿美元，仅占 GDP 的 0.84%，不足 1%。相比之下，服务业作为美国经济的重要支撑，其占 GDP 的比例高达 81.50%。

第二，美国农村居住人口和从事农业生产的就业人口数量基本稳定。根据 2017 年农业普查数据，美国农村居住人口数量为 4 601 万，占美国人口总数的 14.1%。从就业人数来看（图 1-1），农业及相关行业就业人口数量为 2 200 万，占美国就业人口总数的 11.0%，其中，从事农业生产的就业人口数量为 260 万，仅占美国就业人口总数的 1.3%。

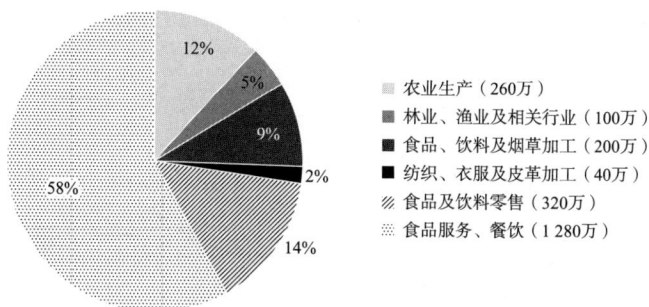

图 1-1　美国农业及相关行业就业人口数量

数据来源：美国商务部；农业及相关行业总就业人口数量为 2 200 万人，占美国就业人口总数的 11.0%。

第三，随着大型农机装备、转基因技术以及信息技术的广泛应用，大农场的管理效率进一步提高，并能够以更低的价格获取土地，营利能力不断增强，美国农业的规模化发展促使农业生产经营不断集中。根据 2017 年农业普查数据，美国有农场 204.2 万个[①]，农场平均规模为 2 677 亩。1982—2007 年，美国农场规模中位数从 3 575 亩增加到 6 707 亩。2007—2017 年，美国农场数量进一步减少并集中，2017 年农场数量比 2007 年减少了 16.26 万个。由此，规模化农场成为

—————————————

① 近年来美国农场数量进一步减少，破产农场数量不断增多。据美国农业局联合会和美联储等机构公布的数据综合统计，截至 2019 年 12 月，共有 590 个农场申请破产，是自 2011 年以来的最高数量，2018 年共有 498 个农场破产。

美国农业产值的主要贡献者（图1-2）：1991—2015年，年收入100万美元以上的农场农业总产值在美国农业总产值中的比例从23.4%增至42.4%；年收入在35万～100万美元的农场农业总产值占比维持相对稳定，占比从21.4%至23.6%；年收入低于35万美元的农场农业总产值占比则从45.4%降至24.2%。

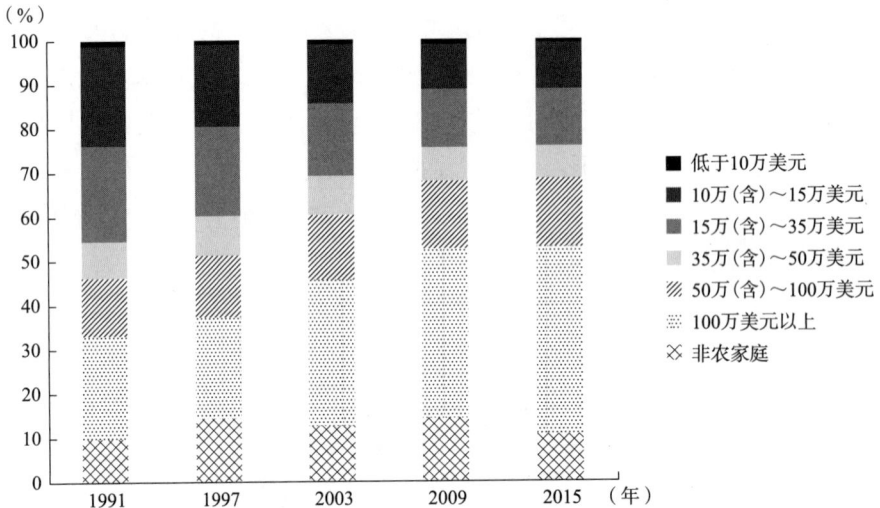

图1-2　美国各类收入水平农场农业产值及在美国农业总产值中的占比

注：以家庭现金总收入对农场家庭进行分类。

数据来源：美国农业部，包括1991年农场成本与利润调查（Farm Costs and Returns Survey），以及1997年、2003年、2009年和2015年农业资源管理调查（Agricultural Resource Management Survey）数据。

第四，自2000年以来，美国农业的全要素生产率（Total Factor Productivity）[①]不断提高（图1-3），这体现了美国农业科技进步贡献率持续提升，在转基因育种、精准农业发展的研发和应用方面表现突出。

美国转基因技术。美国是转基因技术研发和产业化应用的积极推动者。转基因技术的产业化给美国的粮食生产带来了巨大的变化，是强化美国农产品比较优势的重要支撑。截至2020年，美国转基因大豆、玉米和棉花的种植面积均超过90%；自2000年以来，转基因玉米的产业化发展尤为迅速，其种植比例从2000年的25%迅速提升至2014年的93%左右，并在此后一直维持在这一水平（图1-4）。

---

① 全要素生产率是衡量技术进步对经济增长贡献的重要指标。

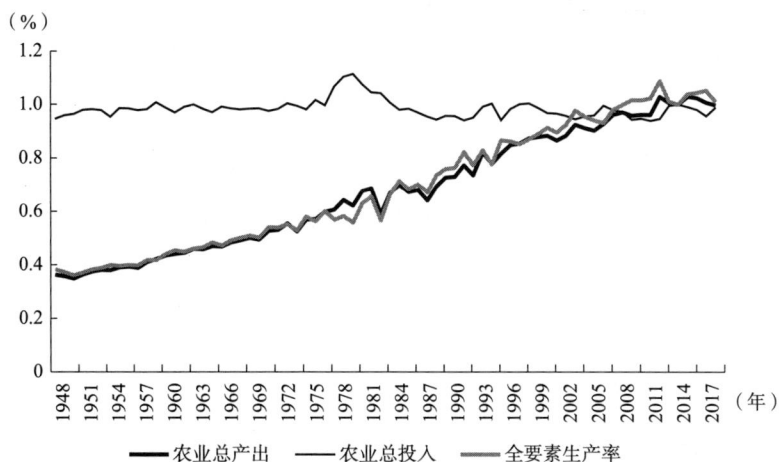

图 1-3 1948—2017 年美国农业总产出、总投入及全要素生产率变化

注：此数据是以 2015 年为基准值进行统计计算的，体现 1948—2017 年总投入、总产出和全要素生产率的变化情况。上图显示，1948—2017 年，美国农业总投入变化不大，但全要素生产率持续提高，农业总产出不断增加。

数据来源：美国农业部。

转基因作物的优势主要体现在抗虫和耐除草剂两个方面。在美国，转基因玉米和棉花均以具备抗虫和耐除草剂双重性状的复合基因种子为主，而大豆则以耐除草剂的单一性状的转基因种子为主。从美国转基因玉米的种植经验来看，转基因技术具有明显的增产效果。美国复合性状玉米的平均产量达到了 715~732.3 千克/亩，而传统玉米的产量为 560~573.9 千克/亩，转基因玉米的单产高于传统玉米 27%。根据联合国粮食及农业组织（FAO）数据统计，在转基因玉米大范围推广之前的 1961—2000 年，美国玉米平均亩产每年增加 7.3 千克；而 2000—2019 年，玉米平均亩产每年增加 8.6 千克。由于转基因作物具备抗虫和耐除草剂的属性，转基因技术的产业化使农场管理更加便捷，有效降低了规模化农场的管理成本。

美国精准农业发展。美国是世界上农业机械化水平、信息化水平和数据化水平较高的国家之一。自 1990 年开始，美国便探索将 GPS 系统技术应用于农业生产领域，在农业机械化的基础上不断嵌入信息化等新技术。通过结合土壤地图和产量数据，探索实现农业投入品决策与作物需求匹配，即优化农业投入品（化肥、农药、水、种子等）的使用，以获取最高产量和经济效益，同时减少化学物质的使用，保护农业生态环境。从 2000 年开始，这种精准农业模式得到了快速应用和发展。近年来，大型农业投入品公司如孟山都和拜耳、陶氏和杜邦等纷纷进行大型并购，推动其数据驱动的农业解决方案平台的发展，为农民提供领先的数字农业服务平台。

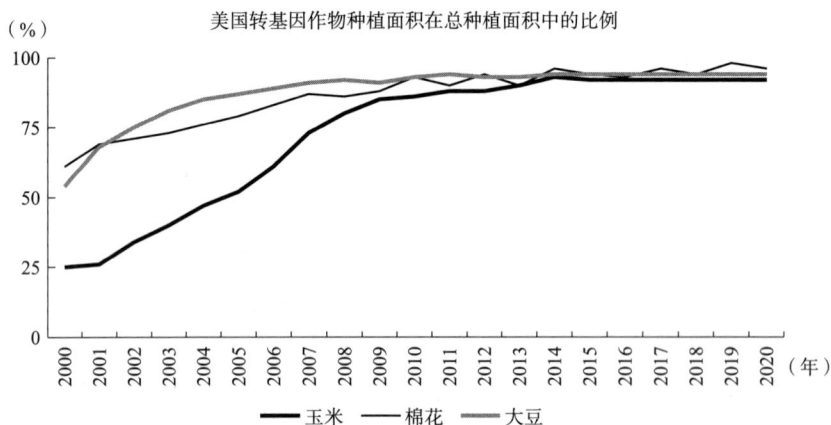

图 1-4   2000 年以来美国转基因作物产业化发展进展

数据来源：美国农业部。

三、 美国主要农产品及农业产区

美国多种农作物产量在全球名列前茅（表 1-1）。2020 年，美国的玉米和高粱产量均位居世界第一，分别占全球总产量的 31.29% 和 15.07%；大豆产量仅次于巴西，位居世界第二，占全球总产量的 28.53%；棉花产量位居世界第三，占全球总产量的 16.57%，仅次于印度和中国；小麦产量位居世界第五，占全球总产量的6.80%。在畜产品方面，美国同样是生产和出口的大国。2020 年，美国的牛肉和鸡肉产量均位居世界第一，猪肉产量位居世界第三，分别占全球总产量的20.31%、20.03% 和 13.49%。

表 1-1   美国主要农产品的产量情况

农产品 种类	2000—2001 年 （万吨）	2010—2011 年 （万吨）	2018 年 （万吨）	2019 年 （万吨）	2020 年 （万吨）	全球占比 （%）	世界 排名
玉米	25 185	31 562	36 426	34 596	35 845	31.29	1

（续）

农产品种类	2000—2001年（万吨）	2010—2011年（万吨）	2018年（万吨）	2019年（万吨）	2020年（万吨）	全球占比（％）	世界排名
大豆	7 506	8 429	12 052	9 667	11 475	28.53	2
小麦	6 064	5 887	5 131	5 258	4 975	6.80	5
高粱	1 195	878	927	867	947	15.07	1
棉花	375	395	400	434	318	16.57	3
牛肉	1 230	1 203	1 276	1 238	1 239	20.31	1
鸡肉	1 394	1 679	1 936	1 994	2 026	20.03	1
猪肉	860	1 019	1 194	1 254	1 285	13.49	3

注：①全球占比和全球排名根据可获得的最新一年数据计算；②美国大豆和玉米的市场年度（marketing year）从每年的9月1日起计算；③美国小麦的市场年度从每年的6月1日起计算。

猪肉、牛肉为胴体当量。

数据来源：美国农业部。

1. 大豆

2018—2020年，美国大豆的平均产量为1.10亿吨，其中5 970万吨用于出口。美国是世界第二大大豆生产国，仅次于巴西，巴西同期的平均产量为1.27亿吨。2011—2020年，美国大豆产量年均增长3.4％；而巴西的增长速度为7.5％，显示出巴西大豆市场份额的逐年提升。美国的大豆生产主要集中在伊利诺伊州、艾奥瓦州、明尼苏达州、印第安纳州、密苏里州、内布拉斯加州、南达科他州等11个州，其中伊利诺伊州、艾奥瓦州和明尼苏达州的大豆产量约占美国大豆总产量的40％。美国大豆每年5—6月播种，9—11月收获。

2. 玉米

2018—2020年，美国玉米的平均产量为3.57亿吨，其中5 413万吨用于出口。美国是世界第一大玉米生产国，其产量占全球总产量的31.29％。美国的大豆和玉米生产区域基本重合。其中，艾奥瓦州和伊利诺伊州的玉米产量约占美国玉米总产量的1/3。美国玉米3—4月播种，9—10月收获。

3. 小麦

2018—2020年，美国小麦的平均产量为5 121万吨，其中2 627万吨用于出口，进口量为327万吨。美国小麦产量位居世界第五，仅次于中国、印度、欧盟和俄罗斯。美国的小麦以冬小麦为主，其产量占比达到70％～80％。冬小麦8—11月播种，次年5—8月收获。主要产区位于堪萨斯州、科罗拉多州、俄克拉何马州、得克萨斯州、南达科他州和内布拉斯加州，以及华盛顿州、蒙大拿州、爱达荷州和俄勒冈州。春小麦 3—5 月播种，当年 7—9 月收获，种植主要集中在北达科他州、蒙大拿州和明尼苏达州。

4. 棉花

美国棉花产量位居世界第三，仅次于印度和中国。棉花种植主要集中在得克萨斯州、乔治亚州、密西西比州、阿肯色州、田纳西州、亚拉巴马州、俄克拉何马州、北卡罗来纳州。其中，得克萨斯州是美国棉花最大的主产区，其棉花产量占美国棉花总产量的 40% 以上。

四、 现行美国农业行政管理体制

（一）美国农业部是负责管理美国农业发展的联邦行政机构

美国农业部是负责管理美国农业发展的联邦行政机构。1862 年，亚伯拉罕·林肯（Abraham Lincoln）总统成立了美国农业部。当时，大约一半的美国人生活在农场，亟需农业技术的推广和科学管理。美国农业部的成立就是为了加强农业科学技术的研究推广和数据统计，以满足当时的需要。如今，美国农业部以应对美国农业和农村不断变化的需求为目标，继续为美国和世界提供安全、充足的食品供应，为美国的国力和健康做出贡献，并为人们创造更美好的生活。因此，美国农业部的宗旨是根据公共政策、现有最佳科学以及有效管理，在食品、农业、自然资源、农村发展、营养及相关问题上发挥领导作用。其目的是通过创新提供经济机遇，助力美国农村的繁荣发展；促进农业生产，更好地滋养美国人民，同时助力全球粮食供应；并通过保护、恢复森林，改善流域环境和水体健康，保护美国的自然资源。

作为负责管理美国农业发展的联邦行政机构，美国农业部目前有八大部门 19 个机构。这八大部门分别是农场生产与保护部门（Farm Production and Conservation），食物、营养和消费者服务部门（Food, Nutrition and Consumer Services），食物安全部门（Food Safety），市场营销与监管项目部门（Marketing and Regulatory Programs），自然资源与环境部门（Natural Resources and

Environment），研究、教育与经济部门（Research, Education and Economics），农村发展部门（Rural Development）以及贸易与海外农业事务部门（Trade and Foreign Agricultural Affairs）。

（二）八大部门 19 个机构的具体职责

1. 农场生产与保护部门

农场生产与保护部门是美国农民和牧场主以及其他私人农业用地和非工业私人林地管理者的联络点。该部门旨在通过实施作物保险和保护计划，农场安全网计划，贷款和灾害计划来减轻农业重大风险。该部门下设四个机构，分别是农场服务局（Farm Service Agency）、自然资源保护局（Natural Resources Conservation Service）、风险管理局（Risk Management Agency）和 FPAC 业务中心（FPAC Business Center）。

农场服务局的职责是实施农业政策，管理信贷和贷款项目，在全国都设立有办事处，主要负责管理农场的商品、作物保险、信贷、环保、养护，并为农场主和牧场主提供紧急援助方案。

自然资源保护局强调要在合作努力中发挥领导作用，帮助人们保护、维护和改善美国的自然资源和环境。通过与私人土地所有者合作，帮助他们保护、维护和改善他们土地上的自然资源。该机构强调：自愿、以科学为基础的保护、技术援助、伙伴关系、以激励为基础的方案、合作解决问题。

风险管理局的职责是帮助农民确保拥有管理其农业风险所需的金融工具。该机构通过促进、支持和规范风险管理解决方案，并依托联邦作物保险公司为美国农业生产者提供保险服务，维持和增强美国农业生产者的经济稳定。

FPAC 业务中心是美国农业部首创的组织，通过将农场生产与保护部门所属的农场服务局、自然资源保护局和风险管理局 3 个机构的人员根据任务跨机构组合，形成专业团队，为本部门雇员和顾客提供高效服务。

2. 食物、营养和消费者服务部门

食物、营养和消费者服务部门致力于利用国家丰富的农业资源来保障美国食物的稳定供应并改善营养水平。该部门目前只下设一个机构，即食品和营养服务

局（Food and Nutrition Service）。食品和营养服务局的职责是与合作组织合作，为儿童和低收入人群提供食物、健康饮食和营养教育，从而达到支持美国农业发展，提高粮食安全并减少饥饿人群的目标。该部门负责美国农业部门的食品和营养援助计划，通过项目与营养教育工作，为儿童和有需要的家庭提供更好的获得食物的方式和更健康的膳食。

3. 食物安全部门

食物安全部门作为美国农业部的公共卫生机构，其职责是通过确保肉类、家禽和蛋制品的安全来保护公众健康。该部门下设一个机构，即食品安全与检验局（Food Safety and Inspection Service），其通过保护公众免受食源性疾病的侵害，并确保肉类、家禽和蛋制品安全、卫生以及包装符合规定，以增强公众的健康和福祉。食品安全与检验局根据《联邦肉类检查法》《联邦禽类产品检验法》以及《联邦蛋制品检验法》进行检查，确保美国的商业肉类、禽类和蛋类产品的安全性、健康性，以及其标签和包装的规定性。食品安全与检验局还遵循《人道屠宰法》，确保动物得到人道处理。

4. 市场营销与监管项目部门

市场营销与监管项目部门旨在促进美国农产品的国内和国际营销、保护美国动植物健康、监管基因工程生物，执行《动物福利法》，并开展野生动物损害管理活动。同时，该部门也是制定美国国家和国际标准的积极参与者。该部门下设两个机构：一个是农产品市场营销服务局（Agricultural Marketing Service），其职责是促进美国农产品在国内和国际市场的战略营销，确保公平的贸易实践，促进竞争和高效的市场，并不断努力开发新的营销服务，以提高客户满意度；另一个是动植物卫生检验局（Animal and Plant Health Inspection Service），该局在保障动物和植物的健康与福祉方面发挥着领导作用，致力于提高农业生产力和竞争力，推动国家经济发展和公众健康。

5. 自然资源与环境部门

自然资源与环境部门旨在满足当代和后代的需求，维持美国森林和草原的健康、多样性和生产力。为实现这一目标，美国农业部与美国管理着森林和草原的各州、部落以及社区合作。该部门下设一个机构，即林务局（Forest Service），其职责是维护国家森林和草原等自然资源的项目，与各州和私人土地所有者合作，并广泛开展森林和牧场研究。

6. 研究、教育与经济部门

研究、教育与经济部门致力于通过综合研究、分析和教育，为美国构建一个安全、可持续且有竞争力的食品和纤维系统，同时促进强大社区、家庭和青年人群的发展。该部门下设五个机构，分别是农业研究局（Agricultural Research Service）、经济研究局（Economic Research Service）、国家农业统计局（National Agricultural Statistics Service）、国家食品和农业研究所（National Institute of Food and Agriculture）以及首席科学家办公室（Office of the Chief Scientist）。五个机构具体职责如下。

农业研究局作为美国农业部的主要内部研究机构，其职责是通过农业研究和信息传播，引领美国走向更加繁荣的未来。

经济研究局是美国农业部的社会科学研究部门，负责实施各种广泛的和专门的经济研究，提供农业、食品、自然资源和乡村经济方面的信息资料和分析报告。经济研究局通过简报、政策分析报告、市场分析更新和重要研究报告等形式，为私人决策者和政府政策制定者提供决策支持，助力联邦政府做出最佳公共项目和政策决策。

国家农业统计局致力于为农民、牧场主、农业综合企业和公职人员提供客观、重要和准确的统计信息和服务，以满足美国国家的基本农业和农村数据需求。美国农业部认为，这些数据对于监测不断变化的美国农业部门和执行农业政策至关重要。

国家食品和农业研究所的职责是投资和推进美国农业研究、教育和推广活动，以解决社会挑战。通过对变革性科学的投资，国家食品和农业研究所直接支持美国农业的长期繁荣和全球领先地位。国家食品和农业研究所不直接执行研究、教育和推广活动，而是通过资金支持和管理来推动这些活动的发展。为了吸引更多高竞争力的科学家致力于农业领域的研究，该所设立了越来越多的竞争性研究经费。此外，国家食品和农业研究所还通过整合联邦农业部资助的农业研究计划，提高了美国农业部资助的研究组合的竞争力。非竞争性科研经费（通过立法等方式分配）和竞争性科研经费（约占 35%）是该所的经费来源。

首席科学家办公室是根据 2008 年《食品、资源保护和能源法案》成立的，旨在干预美国粮食和农业以及环境与社区的各个方面，为美国各机构和联邦政府的决策、政策和法规提供科学的战略协调。首席科学家办公室在农业系统与技术，动物健康和生产及动物产品、植物健康和生产及植物产品，可再生能源与自然资源及环境，食品安全，营养与健康，农业经济与农村社区等六个科学领域，为美国农业部首席科学家和农业部长提供建议。

7. 农村发展部门

农村发展部门致力于通过广泛的投资，为美国农村地区的人民和社区创造发展机遇，促进农村地区经济发展。这些投资旨在提供更好的就业机会，创造创新与获得技术的机会，并推动农村的繁荣，提升农业生产适应气候变化的能力。在农村发展任务区，该部门作为当地经济发展战略的催化剂，基于农村地区的多样化资产和需求，实施了一些措施，包括改善高速互联网的接入，提供住得起的农村住房，整合与未来工作相关的农业技能，建设现代化的道路、桥梁和供水系统，以及确保社区能够获得医疗保健等。此外，该部门还提供发展工具和资源，如贷款、赠款及强化社区伙伴关系，以支撑农村家庭、企业和社区当前和未来的繁荣发展。

该部门下设三个机构，即农村商业合作服务局（Rural Business-Cooperative Service）、农村公用事业服务局（Rural Utilities Service）和农村住房服务局（Rural Housing Service）。其中，农村商业合作服务局提供企业发展的项目及职业培训，助力农村地区的人们创办和发展企业或在农业市场和生物经济中寻找就业机会。农村公用事业服务局提供资金用于农村社区基础设施的建设和改善，以拓宽农村居民的经济发展空间并提升其生活质量，涵盖废水和废物处理、电力和电信服务等农村公共事业。农村住房服务局则提供各种计划和项目用于农村地区的住房建设和必要的社区基础设施的改造。针对农场单户或多户住房、儿童保育中心、消防局和警察局、医院、图书馆、疗养院、学校、急救车辆和设备、农场工人住房等建设或改善项目，农村住房服务局提供相应的贷款、赠款和贷款担保。

8. 贸易与海外农业事务部门

贸易与海外农业事务部门旨在为美国农民和牧场主在全球市场中创造竞争机会。同时，它也是美国农业部贸易政策的引领机构，负责在国内外就国际农业问题发出统一声音。

该部门下设两个机构，海外农业服务局（Foreign Agricultural Service）和美国食品法典办公室（U. S. Codex Office）。海外农业服务局作为美国促进农产品出口的引领机构，主要负责海外市场情报、贸易政策、贸易能力建设和贸易促进等工作。其工作由位于华盛顿特区的总部及遍布全球 177 个国家或地区的 95 个办事处组成的网络共同执行。海外农业服务局致力于改善美国产品在国外的市场准入，旨在建立新市场和提升美国农业在全球市场的竞争地位。其主要职责包括收集、分析和发布全球供需、贸易和市场的信息；寻求提高美国产品在其他国家或地区市场准入率的方法；管理出口融资和市场开发方案；提供出口服务；实施粮食援助和技术援助计划；与世界资源和国际组织进行联系。美国食品法典办公室则负责协调美国参与国际食品法典委员会（Codex Alimentarius Commission）工作，旨在保护消费者健康并确保公平贸易。

参考文献

邓宜康，吴昊，谭克虎，2005. 从美国农业发展历史看铁路运输的作用 ［J］. 铁道经济研究 （6）：38-41.

刘彦伯，2014. 19 世纪美国的铁路与农业现代化 ［J］. 学术探索 （1）：116-119.

王雯，李丽，2003. 19 世纪美国交通运输革命对西部农业发展的影响 ［J］. 西北农林科技大学学报 （社会科学版）（3）：119-122.

徐更生，1986. 美国的仓储运输设施与农业发展 ［J］. 中国农村经济 （2）：45-47.

第二章

美国农业法案的历史演变

美国农业支持保护体系为美国的农业生产、销售和贸易发展提供了重要支撑。美国农业所面临的挑战，常被归结为"农场问题"（farm problem），这与发展中国家所关注的"食物问题"①（food problem）有着显著的区别。在美国，由于资源过度投入，导致生产要素回报率下降、农产品市场价格下降和产业失衡，因此，需要重新分配和调整农业与其他产业间的资源比例，同时积极扩大国内市场，并开拓国际贸易，以防止农民收入下滑与社会不稳定。

1933 年，美国颁布了首部农业法案——《农业调整法案》（Agricultural Adjustment Act）。该法案以农产品价格支持与供给调控为核心，构建了以农作物商品计划（Crop Commodity Program）为主的干预性政策体系。从 1933 年起，美国根据生产力、贸易条件和经济结构的变化，不断调整其农业政策。21 世纪前后，美国农业政策逐渐从干预型向市场化方向转型。特别是在 20 世纪 80 年代，里根政府实施的"供给改革"以及随后的乌拉圭回合谈判（代表国际贸易自由化），美国政府明确表示要减少对农业和农产品市场的干预。本书以 2002 年美国构建新型农业收入保护网为重要节点，将 2002 年之后，特别是近年来中美贸易摩擦和新冠疫情背景下的美国农业政策及其相关演变，作为当代美国农业政策分析的主要内容。

一、 美国农业法案的立法及预算管理程序

1. 美国农业法案的立法过程

美国农业法案是美国农业政策制定和实施的法律基石。1933 年《农业调整法案》标志着美国历史上首部农业法案的诞生。在此基础上，美国政府先后出台了 100 多部专项法案作为配套，构建了一个较为完善的农业法案体系。自 1933 年《农业调整法案》颁布以来，约每 5 年进行一次修订，直到 2018 年《农业提升法案》的出台，美国政府共发布了 18 部农业法案（表 2 - 1）。

---

① 食物问题多出现在发展中国家，即国家的农业生产赶不上随人口、收入增长而增加的食物需求，并制约工业化和国民经济的发展。解决食物问题的主要途径是加强国内农业生产，促进农产品供给。

表 2-1　1933—2018 年美国颁布的 18 部农业法案

年份	法案名称	关键措施
在经济萧条背景下，美国采取了价格支持政策与农产品供给控制措施，防止"谷贱伤农"，保护农民的收入		
1933	农业调整法案（Agriculture Adjustment Act of 1933）	（1）1933 年美国设立了商品信贷公司（Commodity Credit Corporation），该公司为农民提供营销援助贷款（Marketing Assistance Loans，是一种价格支持政策，当农产品市场价格过低时，农民可以不用归还贷款） （2）1938 年美国成立了水土保持局，推动休耕政策，减少农产品供给，不缩减播种计划的农民将无法得到无追索权的营销援助贷款。同年美国成立了联邦农作物保险公司
1938	农业调整法案（Agriculture Adjustment Act of 1938）	
1948	农业法案（Agriculture Act of 1948）	
1949	农业法案（Agriculture Act of 1949）	
在美国农业生产力快速发展、农产品出现供给过剩背景下，加强农产品供给调控，开拓国际市场		
1954	农业法案（Agriculture Act of 1954）	（1）价格支持政策方面，美国从 1955 年开始实行灵活的价格支持政策，取代原先固定的价格支持机制 （2）进一步调控农业生产，美国提出土地银行计划（Soil Bank Program），并进行短期及长期的土地休耕 （3）开拓国际市场，并使用国内过剩产品对国外实行食品援助计划 （4）由于粮食过剩，1961 年开始，美国对自愿减少种植面积的农民提供实物补贴（Payment in Kind）支持，即以商品形式补贴农民，这与传统的现金形式有所不同
1956	农业法案（Agriculture Act of 1956）	
1965	食品和农业法案（Food and Agriculture Act of 1965）	1965 年首次制定了长达五年的综合农业法案
进一步加强供给控制，促进农产品出口增长，开展农业支持政策市场化的探索		
1970	农业法案（Agriculture Act of 1970）	（1）1973 年启动目标价格政策和差额补贴，一方面减少对农产品市场的干预，另一方面通过挂钩措施保障农产品的基本供给和农民收入；1981 年前后，受经济危机影响，国际市场需求下降，美国降低对农产品的价格支持力度；1983—1984 年，美国实施了大规模的耕地缩减计划；1985 年《农业法案》推出贷款差额补贴（Loan Deficiency Payment），同意农民以较低的市场价格偿还营销援助贷款，不需要将产品抵押给国家。这样
1973	农业和消费者保护法案（Agriculture and Consumer Protection Act of 1973）	
1977	食品和农业法案（Food and Agriculture Act of 1977）	

（续）

年份	法案名称	关键措施
1981	农业和食品法案（Agriculture and Food Act of 1981）	一来，有效促进了市场出清；1990 年修改法案，为 1990 年底的贸易自由化谈判做准备；1996 年美国终止了以目标价格为基础的可变差额补贴，采用了固定的生产灵活性合同补贴（Production Flexibility Contract Payments），这标志美国价格支持政策转向直接收入补贴
1985	食品安全法案（Food Security Act of 1985）	
1990	食品、农业、资源保护和贸易法案（Food, Agriculture, Conservation and Trade Act of 1990）	（2）1985 年，美国推出了出口扩张计划（Export Enhancement Program），旨在开拓农产品市场
1996	联邦农业完善和改革法案（Federal Agriculture Improvement and Reform Act of 1996）	（3）1986 年，美国提出长期（10～15 年）土地休耕计划（Conservation Reserve Program），这一计划降低了土地供给弹性

建立新型农民收入保护网，利用农业保险等市场化工具强化对农民的风险保障

年份	法案名称	关键措施
2002	农场安全和农村投资法案（Farm Security and Rural Investment Act of 2002）	（1）在世界贸易组织框架下，建立直接补贴（Direct Payment）和反周期补贴（Counter-Cycle Payment）机制 （2）强调土地保护，推出了新的安全保护计划（Conservation Security Program），加强对土壤、水和野生动物资源的关注 （3）加大对农村的投资力度
2008	食物、资源保护和能源法案（Food, Conservation and Energy Act of 2008）	（1）延续了收入和商品计划、农业信贷政策、土地休耕计划等 （2）建立了平均作物收入选择计划（Average Crop Revenue Election Program） （3）加大了对生物能源产业的支持力度，扩大了农产品的销路
2014	食物、农场及就业法案（Food, Farm and Job Act of 2014）	废除了直接补贴、反周期补贴和平均作物收入选择计划；建立了收入协助计划（Supplemental Revenue Assistance Payments Program）；推出了价格损失保障计划（Price Loss Coverage Program）、农业风险保障计划（Agriculture Risk Coverage Program），以及针对棉花的农业保险计划

实施"美国优先"贸易战略，并在农业法案的基础上增加贸易援助和应对新冠疫情影响的补贴，加强贸易保护力度

年份	法案名称	关键措施
2018	农业提升法案（Agriculture Improvement Act of 2018）	基本上延续了 2014 年的农业政策，并在此基础上进行了完善与强化

美国农业法案的预算制定和审批权主要掌握在美国国会手中，极少受到以总统为代表的行政部门的影响。国会众议院和参议院的农业委员会（Agricultural Committee）是影响农业法案最重要的法案起草与授权机构，下设处理农村、农场和食品政策等具体问题的专门委员会。农业法案必须经过众议院和参议院的审议。若农业法案在两院均获得批准，则将提交总统签署，总统有权签署或拒绝签署。若总统拒绝签署农业法案，则该法案将退还国会复议。国会复议时，若以三分之二以上的票数再次通过此法案，即为有效。

2. 美国农业政策的预算制度

在美国，农业法案获得通过并不意味着其实施就能顺利进行，还需要足够的资金支持作为保障。获得通过的美国农业法案包括强制性支出和自由支配支出两类，其中强制性支出的占比相对较高。这类支出的预算由国会的立法委员会决定。相比之下，自由支配支出的预算则需要通过年度资金法案来分配，而这些年度资金的具体拨款由参议院和众议院的"拨款委员会"来决定。此外，联邦资金的总规模由参议院和众议院的"预算委员会"来决定。预算委员会负责制定"联合预算决议"，该决议涵盖了20种融资类型的支出和税收规则。而国会预算办公室每年发布的"预算基线预测"，则为政府项目的可用资金提供了具体指南。

3. 美国商品信贷公司和美国农业政策的预算与融资

美国商品信贷公司为美国农业政策项目提供了有效融资。作为美国农业部下属的国有独资企业，美国商品信贷公司成立于1933年，注册资本金1亿美元，其所有权归属于美国财政部。美国商品信贷公司有权向美国财政部申请最高300亿美元的借款，用于实施《商品信贷公司宪章法》（Commodity Credit Corporation Charter Act）和美国农业法案授权的各种项目。根据美国国会预算办公室（Congressional Budget Office）的规定，在预算的编制、提交和执行后，美国商品信贷公司才能对这些项目拥有无限期的借款权限。这一机制确保了美国商品信贷公司能够迅速获得所需的融资。在机制设计上，美国政府对政策功能和盈利功能进行了分离。对于美国商品信贷公司所承担的政策性业务，特别是那些成本较高的项目，如收入与价格支持、灾难救济等，其亏损部分主要依靠美国国会的拨款来弥补。此外，美国商品信贷公司还接受信贷改革、国外捐赠和捐助计划、救灾等项目的直接拨款，并利用归还贷款、销售库存和利息收入等方式来弥补政策性业务的亏损。

美国商品信贷公司不仅为各种农业项目提供资金支持，还直接对项目的执行过程和效果负责。从具体项目来看，美国商品信贷公司主要负责对农作物商品计划、土地休耕计划及出口计划等与农产品市场调控相关的项目提供资金（表2-2）。每年，美国商品信贷公司会制定项目的执行目标和预算，并在确定预算后向美国财政部借款以实施项目。一个作物年以后，美国商品信贷公司需要对项目的执行情况和资金使用情况进行总结和说明。

表 2 - 2　2021 年美国商品信贷公司主要项目经费预算

单位：百万美元

预算条款	2019 年实际支出	2020 年通过	2021 年预算数
农作物商品计划（Crop Commodity Program）			
贷款差额补贴（Loan Deficiency Payment）	1	294	160
农业风险保障计划（Agriculture Risk Coverage Program）和价格损失保障计划（Price Loss Coverage Program）	3 127	2 591	3 432
乳制品毛利覆盖计划（Dairy Margin Coverage Program）	289	637	665
其他	165	389	316
合计	3 582	3 911	4 573
灾难计划（Disaster Programs）	399	601	573
非保险作物灾害援助计划（Noninsured Crop Disaster Assistance Program）	153	182	193
其他〔贸易缓和计划（Trade Mitigation Program）等〕	17 226	13 754	3 992
CCC 农作物商品计划合计	21 360	18 446	9 330
休耕计划（Conservation Programs）			
土地休耕计划（Conservation Reserve Program）	1 902	2 044	2 297
紧急森林保护区计划（Emergency Forestry Conservation Reserve Program）	—	—	—
合计	1 902	2 044	2 297
出口计划（Export Programs）			
质量样品计划（Quality Samples Program）	3	2	3
市场准入计划（Market Access Program）	195	188	200
国外市场开发（合作）计划〔Foreign Market Development (Cooperator) Program〕	33	32	35
特种作物技术援助计划（Technical Assistance for Specialty Crops Program）	6	8	9
合计	237	230	247

（续）

预算条款	2019 年 实际支出	2020 年 通过	2021 年 预算数
商品信贷公司基金合计	21 596	18 678	9 576
商品信贷公司出口信贷	9	9	6
农场储备设施贷款计划（Farm Storage Facility Loan Program）	—	—	—
其他（棉花及服装制造基金）	42	44	47
合计	51	53	53
法律提议	—	—	839
总计	21 596	18 678	8 791

数据来源：美国农业部。

4. 农业法案的执行

美国农业部作为联邦政府的行政管理机构，主要负责执行农业法案，并根据国会的授权来制定相关规则。该部门通过立法手段在资金和监管等方面进行规范，其职责涵盖以下具体领域：农场和外国农业；销售和监管计划；食品安全；农村发展；自然资源和环境；食物、营养和消费者服务；研究、教育和经济事务。

美国商品信贷公司与美国农业部的组织结构紧密相连（图 2-1）。美国商品信贷公司的核心管理层均为农业部的部长级官员，其中董事会主席由农业部部长担任，副主席则由农业部副部长出任，董事会的其余成员包括负责农业生产和休耕的副部长、负责贸易和海外农业事务的副部长、负责市场营销和监管事务的副部长、法律总顾问和农业部的首席信息官。值得注意的是，美国商品信贷公司并不直接雇佣员工，而是依托美国农业部的服务网点来推进实施其所负责的农产品价格支持、农民收入保护和土地休耕等。其中，农民收入保护一般由农场服务局执行，国际项目由海外农业服务局和美国国际开发署（United States Agency for International Development）共同负责。土地休耕则由国家自然资源保护局来负责。此外，农业市场开发局等其他机构也负责执行美国商品信贷公司的其他相关项目。

图 2-1 美国商品信贷公司与美国农业部的战略目标互嵌的组织结构

资料来源：美国商品信贷公司 2018 年年度报告。

二、21 世纪以来的新型农民收入保护网

21 世纪以来，特别是在乌拉圭回合谈判后，美国的农业政策逐渐走向市场化与自由化，并在一定程度上引领了全球农业政策的转型与发展。自 2002 年起，美国开始构建新型农民收入保护网，经过 2008 年和 2014 年两次重要法案的调整后，这一体系变得更加完善且稳定。

从 2002 年起，美国构建以农作物商品计划和联邦农作物保险计划（Federal Crop Insurance Program）为两大支柱的政策体系。这一政策体系强调运用市场化手段，通过加强农业综合风险管理来实现农业稳定发展、减少贫困、促进就业以及增强经济运行稳定性等目标。其中，各项政策之间既相互配合又互为补充，共同构成农民收入的保护网。例如，农业风险保障和价格损失保障等农作物商品计划补偿农民收入的浅度损失（Shallow Loss），而农业保险则弥补农民收入的深度损失（Deep Loss）。美国尤为重视农业保险的发展，使之成为风险防范和化解手段。一方面，美国不断完善数据体系，并运用现代金融保险技术设计相关保险产品，以提高农作物的可保性。近年来，美国推出的以收入为基础的农业保险险种备受青睐，这得益于其全球领先的农产品期货市场，该市场能够通过强大的价格发现功能为农业保险提供定价参考。另一方面，对于可保性较低的农作物，美国实施了非保险救济计划，以解决这些农作物因未纳入保险公司承保范围而面临的风险。一旦因自然灾害导致农作物损失超过 50% 或者播种面积减少超过 35%，参与该计划的农场主将获得政府提供的灾害补偿。

根据美国国会 2018—2027 年农业法案预算（图 2-2），农业保险和休耕的预算分别为 770 亿美元和 600 亿美元，是除营养计划之外预算较大的两个项目。2018 年，联邦农作物保险计划和农作物商品计划预算合计达到 156 亿美元，占支农支出的 69%[①]。

2001 年，美国对世界贸易组织承诺其国内农业综合支持量（Aggregate Measure of Support）不超过 191 亿美元。截至 2017 年，新型农民收入保护网实施以来，美国一直遵守这一承诺，总支出一直保持在世界贸易组织限定的综合支持量范围内。然而，1999—2001 年和 2005 年，美国巧妙地利用了世界贸易组织《农业协定》中的微量排除规则，规避了综合支持量的限制。1996—2017 年，美国在微量排除前的综合支持量最高达到 2000 年的 243 亿美元。

---

① 在美国农业部 2018 年预算中，约 1 515 亿美元（占 85%）被分配给了食物营养、行政、农村发展、数据收集和其他项目，这些并非直接对农业的补贴。其中只有约 226 亿美元（占 15%）用于支持农业生产。尽管美国的支农支出庞大，但仅为联邦政府支出的一小部分。2017 年，美国联邦政府支出总额为 3.75 万亿美元（含国防、公共卫生等领域），其中支农支出接近 200 亿美元，仅占 0.5%。

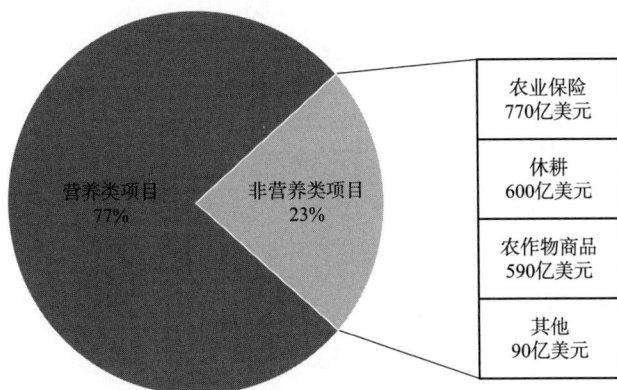

图 2-2　美国 2018—2027 年农业法案预算

注：其他包括贸易、园艺、研究、能源项目、农村发展和林业等。

数据来源：美国国会研究服务局（Congressional Research Service），采用 2017 年 6 月 CBO 基线预测。

目前，美国将农作物商品计划中的价格损失保障和农业风险保障作为"黄箱"政策中非特定产品补贴类别，并向世界贸易组织汇报。而营销援助贷款（MALs）、乳制品毛利覆盖计划（DMC）等支付机制与生产者的选择有关，因此被计入特定产品补贴范畴。自 2012 年起，农作物保险计划中的保费补贴也被列为特定产品补贴类别，只有全农场收入保险（Whole Farm Revenue Insurance）被视为非特定产品类别补贴。此外，在食糖和液态奶产业中，美国通过关税和供给控制等措施对市场进行干预。尽管这些政策没有直接的补贴支出，但它们同属"黄箱"政策的范围。1995—2017 年，尽管美国的农业综合支持量没有超过世界贸易组织规定的限额，但其对部分产品的生产和贸易产生了实质性影响。特别是联邦农作物保险计划和农作物商品计划主要支持玉米、大豆和小麦等大宗农产品，这三种商品所获得的补贴占到了农作物保险以及农业风险保障/价格损失保障补贴的 70%。此外，大米和坚果的生产者也从农作物保险和价格损失保障中获得了大量补贴，棉花生产者则从农作物保险中获得了大量补贴，而其他农作物生产者所获得的补贴则不超过 10%。这意味着美国的农业政策通过补贴进一步强化了这些农产品的成本优势，从而可能对其他国家和地区的农产品造成不公平的竞争。

三、 美国农业补贴向规模化农场集中效应

美国农业生产的特征是规模化经营，大农场在美国农业政策的制定过程中拥有更大的话语权。当前，美国以风险管理为导向的农业政策与大规模农业的特征较为契合，这进一步推动了规模化经营的发展。

从美国农业政策补贴实际分配的情况来看（图 2-3），农作物商品和农作物保险的补贴均向大农场倾斜。农作物商品方面：1991—2015 年，年收入在 100 万美元以上的农场所获得的农作物商品补贴占比从 11％增加到了 34％，而年收入小于 15 万美元的小规模农场所获得的补贴占比则从 29％下降到了 16％。农作物保险方面：1997—2015 年，年收入在 100 万美元以上的农场所获得的农作物保险赔付占比从 12.1％增加到了 32.7％，而年收入小于 15 万美元的小规模农场所获得的赔付从 20％下降到了 9％。

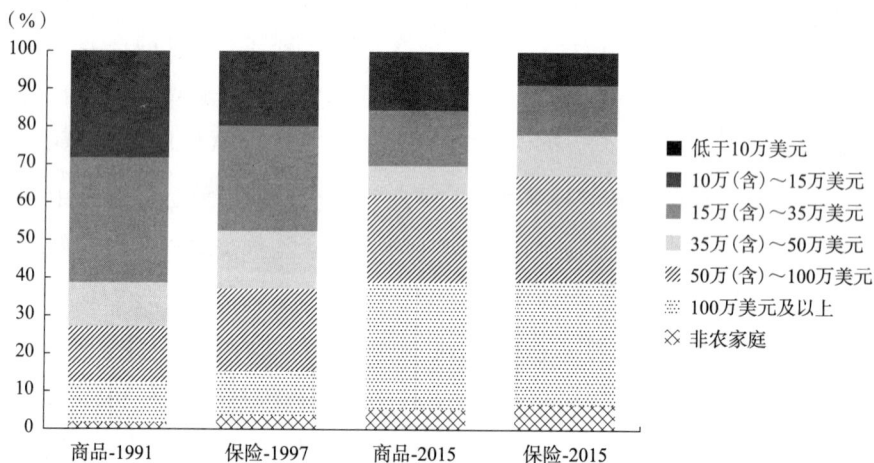

图 2-3　美国各类收入水平农民获得的农作物商品补贴和
联邦农作物保险赔付占比情况

注：以家庭现金总收入对农民家庭进行分类。

数据来源：美国农业部，包括 1991 年农场成本与利润调查，以及 1997 年和 2015 年农业资源管理调查。

此外，从 2018 年新农业法案立法过程来看，2018 年 6 月 13 日，美国参议院以 20:1 顺利通过了农业法案草案，唯一的反对票是针对大农场主获得农业补贴

资格的问题。然而，美国参议院提出对农场补贴上限调整的提议在最终签署的农业法案中并未获得通过。不仅如此，最终签署的农业法案还放宽了对农场的补贴限制，将贷款差额补贴从收入限制条款中剔除，从而使得一些农场能够获得更多的利益。参议院的提议包括：①将农户可获得补贴的标准从 90 万美元下调至 70 万美元，即总收入超过 70 万美元的家庭将无法获得补贴；②将农产品（除坚果之外）的补贴上限统一设定为 12.5 万美元。以大豆和大米为例，如果两者的补贴标准分别为每英亩 6 美元和 146 美元，那么生产者可获得补贴的耕地面积分别为 20 000 英亩* 和 854 英亩。

四、 在保护和自由化的十字路口徘徊的美国农业政策

2020 年前后，美国以不断加深的"黄箱"政策来保护农民收入，其农业支持保护力度达到了历史新高，2018—2020 年，美国国内农业综合支持量首次超出其在世界贸易组织中所承诺的。经过 20 多年的改革和发展，美国农业政策明显又回到了保护和自由化的十字路口。

一方面，2018 年 12 月 20 日，美国总统特朗普签署了《农业提升法案》，新法案基本延续了 2014 年农业法案中农作物商品计划和联邦农作物保险计划。2018 年新农业法案的立法者认为，自 2013 年以来，全球农产品市场的下行给美国农业带来了严重冲击，因此，在新法案中进一步加深了"黄箱"政策，以做出反周期应对，并加强对农民的保护。

美国国会，包括主席以及参众两院农业委员会中的主要成员，时常认为美国农村经济处境困难。在 2018 年农业法案的起草过程中，由参议院和众议院提交的农业法案草案均增加了支农预算。在讨论过程中，时任国会议员的科纳韦（Conaway，后来成为众议院农业委员会主席）指出，美国的农产品价格和农业经营性收入在 2013—2017 年大幅下降，导致美国农牧民处境艰难。然而，也有其他分析认为美国农牧民的处境良好，只是缺乏进一步加强保护的基础，美国农业生产结构复杂，需要从更多角度全面准确地评估美国农业经济的运行状况。具体而言，从大宗农产品价格的长期变化（图 2 - 4）中难以看出美国农业经济出

---

* 　英亩为非法定计量单位，1 英亩≈6.07 亩≈0.405 公顷。——编者注

现了严重的经济危机。全球大宗商品市场在经历了近 10 年的上涨"超级周期"后，于 2014 年下半年开始进入下跌周期，其主要原因是需求放缓、产能过剩和美元升值。虽然大宗农产品价格和畜产品价格自 2014 年开始下降，但 2017 年的价格接近甚至高于 2010 年的价格。2010—2013 年，美国农作物价格指数从 83 增加到 112，增幅 35%；2010—2014 年，畜产品价格指数从 81 增加到 133，增幅 64%，美国农民享受了较长时间的高收益。此外，从农场净收入（net farm income）和净现金收入（net cash income）① 两项重要指标来看，2011—2017 年，这两项指标都出现了显著下降。其中，净现金收入从 142 亿美元下降到 100 亿美元，降幅 30%。虽然收入出现了大幅下降，但 2017 年的净现金收入依然高于 2003—2006 年以及 1990—2006 年的平均值。再从偿债备付率和资产负债率来看，2012 年的偿债备付率接近 40 年的历史最低点，而 2017 年的偿债备付率比 2012 年高出 26%。2017 年，资产负债率为 12.7%，接近 2012 年的历史最低点 11.5%，为近 40 年的平均值。从以上指标分析来看，截至 2017 年底，美国农业经济运行依然良好，有能力应对风险挑战。尽管农场净收入低于 2012 年和 2013 年的峰值，但其他的财务衡量指标都优于平均水平。然而，2018 年新农业法案却显示出支持保护力度不降反升的趋势，加大了农业补贴的潜在额度，"黄箱"政策加深，将对玉米、大豆、棉花和乳制品等商品市场产生不同程度的干预。虽然民众对美国农村经济运行的好坏存在不同的看法，但是掌控农业法案立法权力的国会更多地是从政治视角进行判断。他们认为 2013 年以来，全球农产品市场的下行给美国农业带来了冲击，因此最终以逐渐加深的"黄箱"政策做出反周期应对，以加强对农民的保护。

另一方面，时任美国总统的特朗普坚持"美国优先"的施政理念，这一理念在全球范围内引发了广泛的贸易摩擦。同时，新冠疫情的冲击扰乱了全球农粮供应链，导致全球农产品市场动荡加剧。在此背景下，美国政府以"美国第一"和国家安全为由，实施了额外的保护措施。为应对贸易摩擦出台的两轮市场促进计

---

① 农场净收入反映美国农业国内生产总值增加值，该指标计算了非现金交易（non-cash transactions），如调节库存（inventory adjustments）、估计资本置换（estimated capital replacement depreciation）、农产品消费与租金支出。净现金收入是现金收入（如销售收入、政府补贴等）和现金支出的差额，该指标能体现农场的偿债能力、采购设备、提供投资资本回报和雇佣的劳动力保持农场运营的能力等。

划（Market Facilitation Program），以及为应对新冠疫情冲击出台的两轮新冠疫情食物援助计划（Coronavirus Food Assistance Program）和薪酬保护计划（Paycheck Protection Program），直接导致美国农业综合支持量在历史上首次超出了其对世界贸易组织做出的承诺。

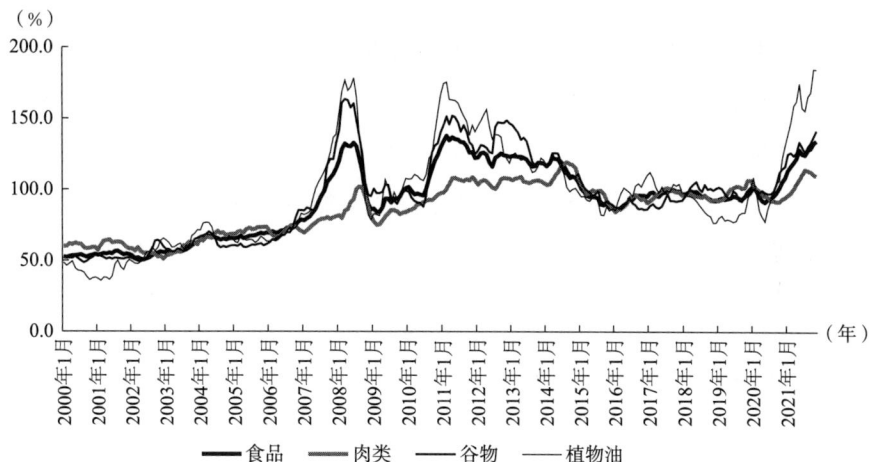

图 2-4　2000 年以来食品价格波动情况

注：食品价格指数是指肉类、奶类、谷物、植物油、食糖 5 个农产品类别的价格指数平均值，以 2014—2016 年各类农产品的平均出口比重进行加权构成。基期价格为 2014—2016 年的平均值。

数据来源：联合国粮农组织发布的食物价格指数。

两轮市场促进计划，两轮新冠疫情食物援助计划以及薪酬保护计划等预算分别为 86 亿、145 亿，160 亿、140 亿和 73 亿美元。根据美国国会研究服务局的估算，在微量排除之前，2018 年、2019 年和 2020 年的美国农业综合支持量将达到 225 亿、339 亿和 420 亿美元。2018 年，美国农业综合支持量在经过微量排除后降至 160 亿美元，这一数字达到了 2000 年以来"黄箱"政策支出的最大值。2019 年，市场促进计划的支持方式主要为非特定产品补贴，加上常规农业法案中的农业风险保障/价格损失保障计划等也提供了非特定产品补贴，因此，2019 年的非特定产品补贴合计约 187 亿美元[①]，超过了 2019 年美国农产品生产总值 3 706 亿美元的 5%（约 185 亿美元），无法申请微量排除。这是美国首次无法对其

---

①　预计市场促进中非特定产品补贴为 128 亿美元。价格损失保障/农业风险保障为非特定产品补贴，2019 年价格损失保障计划/农业风险保障计划的合计支出预计为 56 亿美元，其他的非特定产品补贴约 3 亿美元。

非特定产品补贴申请微量排除。尽管如此，2019 年，美国"黄箱"政策支持量达 302 亿美元，超过了 191 亿美元的综合支持量限制。但由于非特定产品补贴仅超出限额 2 亿美元，美国可能通过将一些非特定产品补贴转移到特定产品补贴核算中，或者将一部分资金的支付时间延后到 2020 年，以争取达到微量排除的标准。2020 年，由于新冠疫情食物援助计划补贴以特定产品为主，且补贴对象主要是 2020 年生产和销售的产品，加上常规的农业保费补贴、食糖市场价格支持等特定产品形式补贴，2020 年微量排除之前的特定产品补贴预计为 317 亿美元[①]。可申请的微量排除 41 亿美元，经微量排除后的"黄箱"政策支持量仍为 276 亿美元，超过了 191 亿美元的限额。2020 年的特定产品补贴调整空间较小，难以通过再分类或者时间转移进行调整。因此，2020 年美国农业综合支持量超标。

参考文献

彭超，2019. 美国新农业法案的主要内容、国内争议与借鉴意义［J］. 世界农业（1）：4 - 16＋26.

速水佑次郎，神门善久，2003. 农业经济论（新版）［M］. 中国农业出版社.

许荣，肖海峰，2020. 美国新农业法案中农业补贴政策的改革及启示. 华中农业大学学报（社会科学版）（2）：135 - 142.

赵将，张蕙杰，段志煌，2019. 美国农业风险管理政策体系构建及其应用效果——兼对 2018 年美国新农业法案动向的观察［J］. 农业经济问题（7）：134 - 144.

赵将，张蕙杰，黄建，等，2017. 美国粮食供给调控与库存管理的政策措施——美国农业法制定过程的经验［J］. 农业经济问题，38（8）：95 - 102＋112.

---

① 包括两轮新冠疫情食物援助补贴补贴合计 203 亿美元，薪酬保护补贴 29 亿美元，农业保费补贴 64 亿美元，食糖市场价格支持 15 亿美元，以及其他支出 6 亿美元。

第三章

美国农作物商品政策

一、 以政策性商品信贷实现农产品价格支持

1. 早期的营销援助贷款及其渐进式市场化转型（1933—1996 年）

在 1930 年的经济大萧条中，美国的农产品生产过剩，导致农产品价格下降，且当时的农村经济以农业为主，美国农民遭受了极大的损失。为了保障农民收入，美国政府希望建立一套市场调控和价格支持政策体系。罗斯福政府采纳了时任农业部部长华莱士的建议，该建议借鉴了中国古代的常平仓制度及北宋王安石推行的"青苗法"，于 1933 年成立美国商品信贷公司，为农民提供营销援助贷款，通过限制种植面积、减少过剩农产品来稳定市场价格与保护农民收入。随后，营销援助贷款被纳入 1938 年和 1949 年的农业法案，成为永久性的政策内容。

在营销援助贷款早期的运行机制中，政府会公布贷款率（Loan Rate，即保护价格）。美国商品信贷公司根据农民的种植品种和面积，确定农民所在地区的贷款率和贷款金额，并与农民签订商业合同。在收获季节，如果农产品价格高于贷款率，农民可卖掉农产品，归还贷款；如果农产品价格低于贷款率，农民可以将农产品交给美国商品信贷公司，不用归还贷款。美国商品信贷公司会负责收储这些过剩的农产品。这种贷款被称为"无追索权营销贷款"，即归还贷款权在农民而非美国商品信贷公司。通过这种方式，营销援助贷款与市场价格的波动建立起联系，美国政府通过控制贷款率和直接收储市场中过剩的农产品来实现市场调控。

自 1930 年开始为农民提供营销援助贷款以来，美国制定的贷款率一直较高。这虽然在一定程度上保护了农民收入，但在很大程度上也刺激了粮食生产。同时，技术进步和农业生产力的提高导致粮食的持续过剩，给政府带来了巨大的库存和财政压力，这反映了营销援助贷款这一价格支持政策高昂的执行成本。为减轻库存压力和减少财政支出，美国后来削减了价格支持力度并调整了政策支持方式。自 1970 年起，美国通过渐进式改革实现了政策支持方式的转变，1985 年推出的贷款差额补贴标志着美国的价格支持政策开始走向市场化。

（1）1973 年的"差额补贴"改革。20 世纪 70 年代，国际粮食短缺与美元

贬值促进了美国粮食出口，有效缓解了美国粮食库存压力，为美国农业政策从计划向市场方向转变提供了契机。1973 年，《农业和消费者保护法案》实施以目标价格为基础的差额补贴政策，通过设定较高的贷款率和目标价格来激励农民生产。差额补贴与农民当期作物种植面积挂钩，旨在激励特定农产品供给，促进农民增收。这一政策设计为后续的贷款差额补贴改革提供了"价补分离"思路。

（2）1985 年的"贷款差额补贴"改革。进入 20 世纪 80 年代，里根政府推行新自由主义改革，减税与减少补贴成为供给学派改革的核心。同时，受 1980—1982 年经济危机的影响，国际农产品市场需求大幅下降，导致粮食库存积压，政府财政压力加剧，迫使美国农业政策进行深层次改革。1985 年《食品安全法案》和 1990 年《食物、农业、资源保护和贸易法案》降低了贷款率和目标价格，削减了价格支持力度。其中，1985 年的农业法案提出了贷款差额补贴概念，构建了以保护农民收入为目的的现金支付形式。该政策到 1990 年开始执行，标志着美国农业政策向市场化方向迈进。具体而言，当市场价格低于营销援助贷款的贷款率时，农民可选择以低于贷款率的市场价格（low market-based prices）归还贷款，而不必将产品抵押给美国商品信贷公司，这一政策减轻了政府库存压力。贷款差额补贴继而成为补贴农民损失的替代形式。

◆ **专栏**

1983 年经济危机、库存压力及其应对

在 1980—1982 年的经济危机中，市场需求大幅下降，美国库存数量超出了市场需求数量的 35% 以上。为应对这一局势，政府决定将休耕土地的比例从 5%～10% 提升到 30%。为了提高农民参与土地休耕计划的积极性，并减少库存，政府在 1983 年推出了实物补贴计划。该计划实施后，农产品库存数量在经历 1981—1982 年大幅上涨后，于 1983 年迅速回落。实物补贴是在粮食严重过剩的情况下，美国采取的短期手段，此前曾在 1961 年和 1964 年实施过，并取得了良好的效果。实物补贴是以实物的形式而非现金进行支付，实物补贴实际上是将库存产品的所有权以商品证书的形式从政府转移给农民，从而减轻库存压力。实物补贴的作用体现在两个方面：一是激励农民休耕更多土地，以

减少下期粮食供给量；二是通过实物支付形式，使商品证书可以在市场上自由流通交易，从而减少当期库存。

1980—1983 年美国政府库存数量的变化情况

年份	小麦（Mil. bu）	玉米（Mil. bu.）	大米（Mil. cwt）	棉花（Mil. bales）
1980	989（43.2）	1 034（14.3）	16.5（11.3）	2.7（22.9）
1981	1 164（44.3）	2 286（32.9）	49.0（32.6）	6.6（55.9）
1982	1 582（66.1）	3 434（47.4）	65.2（47.4）	8.0（74.1）
1983	1 440（59.8）	1 875（26.0）	34.2（24.1）	5.6（47.9）

注：括号内数字表示库存占年度需求数量的比例；括号外数字表示政府库存数量。
数据来源：美国农业部（1983）。

（3）1996 年的《联邦农业完善和改革法案》终止了以目标价格为基础的可变差额补贴，转而采用固定的生产灵活性合同补贴。生产灵活性合同补贴对差额补贴的替代标志着美国价格支持政策向直接收入补贴的转变，从根本上改变了政策支持方式，减少了对市场的干预，结束了供给控制。图 3-1 展示了美国 1996 年市场化改革前，土地休耕和库存数量的变化情况。1985 年之后，由于价格支持方式的调整，美国商品信贷公司承担的政策性库存已大幅下降。

2. 市场化改革之后的营销援助贷款（1996 年至今）

美国商品信贷公司根据农民种植品种和面积，参照该地区过去五年市场价格的奥林匹克平均值[1]，确定单位产品的贷款率。1985—2001 年，美国营销援助贷款率的制定主要基于"五年市场价格的奥林匹克平均值×系数"。比如，《1985年农业法案》规定小麦和玉米的浮动系数为 0.75～0.85，棉花系数为 0.85，大豆系数为 0.75。《1990 年农业法案》和《1996 年农业法案》则将主要品种的系数统一规定为 0.85，并设定了各品种的价格上限，这个价格上限大致相当于1991—1995 年的"奥林匹克平均值×0.85"。到了 2002 年，农业法案对贷款率的定价方式进行了调整，改为固定值，这个固定值大致相当于 2001 年相应品种的全国农场平均价，且高于前五年的奥林匹克平均值；2008 年和 2014 年的农业法案继续沿用了这种固定值的定价方式，并一直延续至今。其中，大米价格自

---

① 奥运会跳水比赛打分方法，即去掉最高值和最低值后的平均值。

2002 年后未再进行调整，而小麦价格在 2010 年上调 5％后也保持稳定。各地可基于全国价格上下浮动以制定相应地区的贷款率。

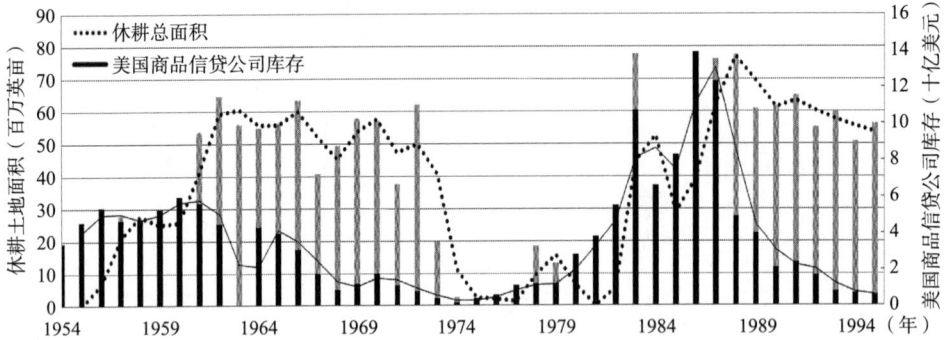

图 3-1　美国粮食库存数量与土地休耕面积动态变化情况（1954—1995 年）

注：1996 年市场化改革之后，由于价格支持方式调整，库存不是美国农业政策关注的核心，美国商品信贷公司库存数据难以获取。笔者只搜集到 1996 年之前的数据，代表 1996 年市场化改革之前，价格支持与供给调控的情况。

数据来源：美国农业部。

从图 3-2 至图 3-5 可以看出，目前营销援助贷款率的定价主要参考生产成本，基本不考虑额外收益，仅起到托底作用。较低的贷款率凸显了营销援助贷款在市场稳定中的定位，为其他价格支持政策留有空间，也把关乎收益补偿的任务转移给其他类型的支持政策（详见第二章的第二节和第四章等章节）。另外，由于营销援助贷款与国家收储政策密切相关，较低的贷款率有助于避免较大的收储负担（表 3-1）。

3.《2018 年农业法案》的改进

在《2018 年农业法案》中，营销援助贷款发生了两点变化，旨在为农民提供更多的营销援助贷款支持。一是营销援助贷款的贷款率得到了提升；二是营销援助贷款的支持不再受农民收入的限制。为防止农业补贴向大农户倾斜，农业法案设定了收入限制：即家庭收入超过 900 000 美元的农民将不能获得支农补贴；家庭获得的支农补贴上限（除坚果之外）统一设定为 125 000 美元。而《2018 年农业法案》将营销援助贷款从这一收入限制中剔除，意味着一些农民会获得更多的补贴。此外，《2018 年农业法案》还扩大了法定农民家庭的范畴，使得更多的人能够享受农业补贴。

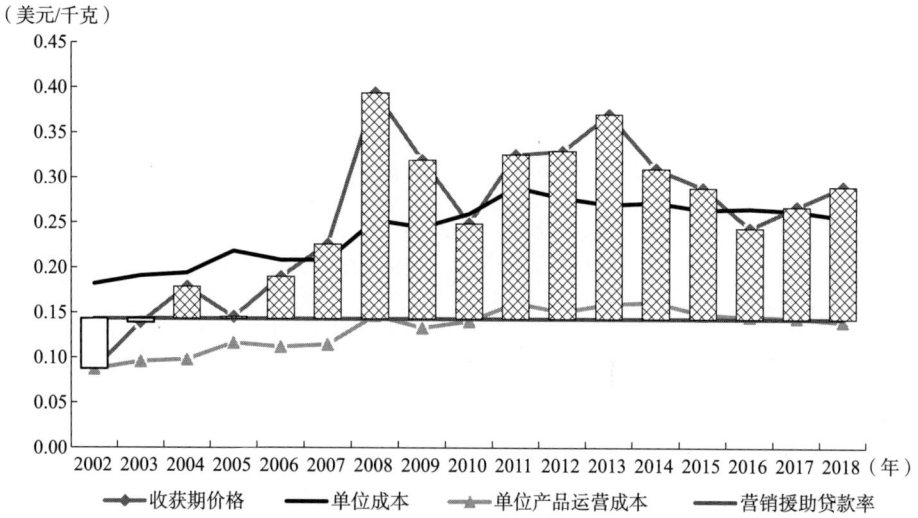

图 3-2　美国大米单位成本收益及营销援助贷款价格

注：阴影部分表示大米市场价格高于营销援助贷款率价格的差值；2004 年之后营销援助贷款价格一直低于大米市场价格。

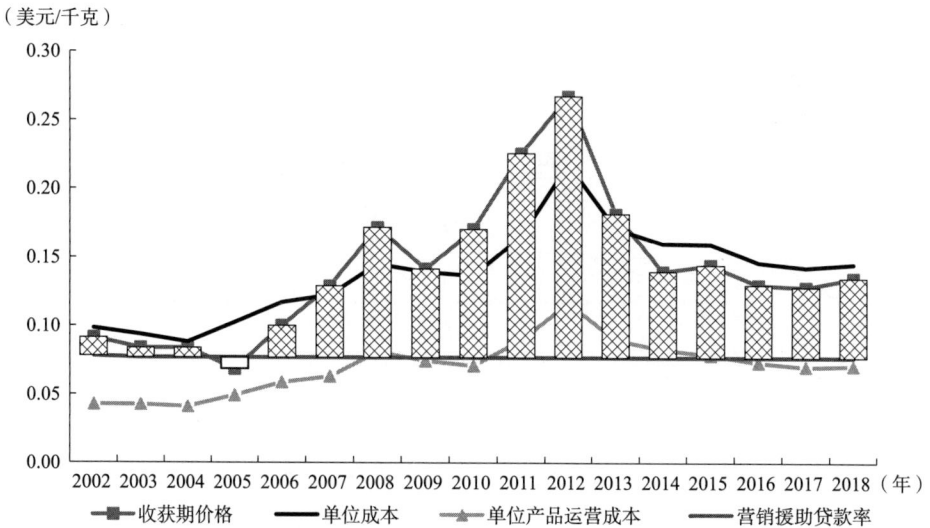

图 3-3　美国玉米单位成本收益及营销援助贷款价格

（美元/千克）

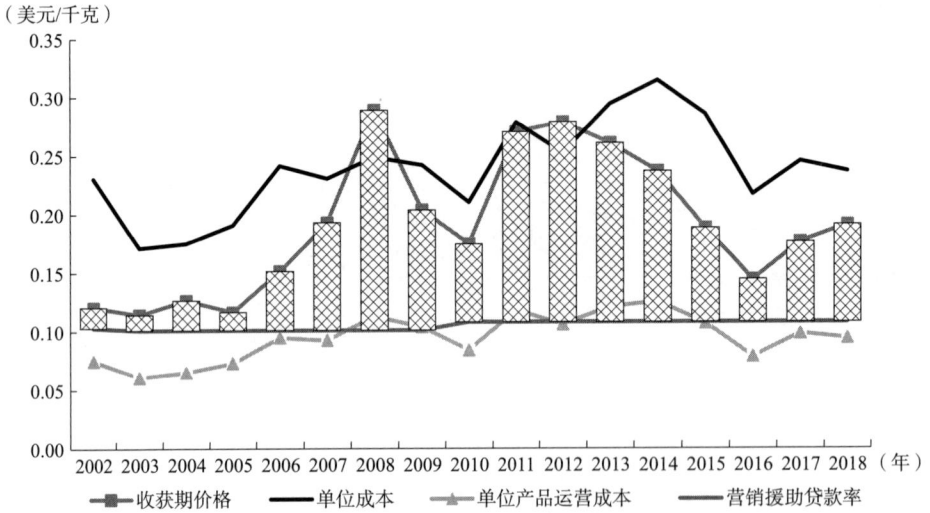

图 3-4 美国小麦单位成本收益及营销援助贷款价格

（美元/千克）

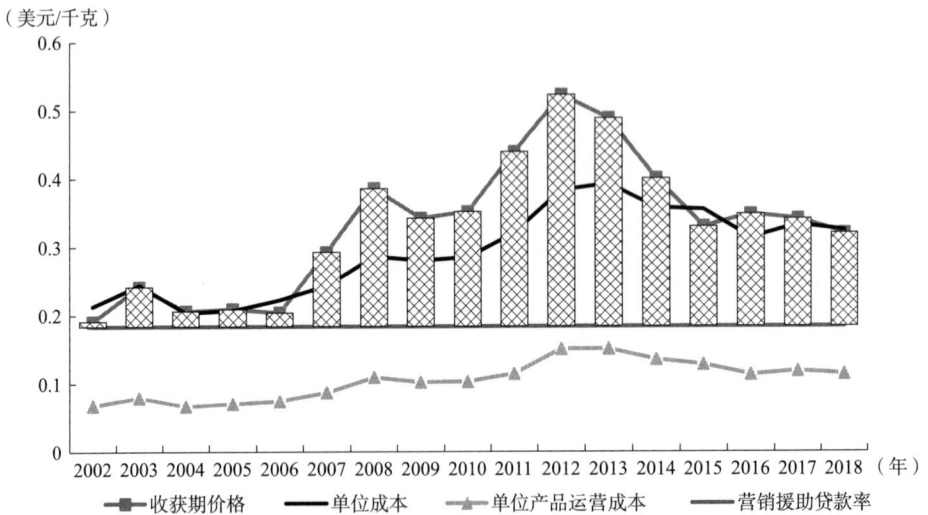

图 3-5 美国大豆单位成本收益及营销援助贷款价格

数据来源：美国农业部。

表 3-1　2002—2018 年作物年度主要农产品营销援助贷款的贷款率

单位：美元/千克

	2002 年的农业法案		2008 年的农业法案			2014 年的农业法案	2018 年的农业法案
	2002 年	2004 年	2008 年	2009 年	2010 年	2014 年	2019 年
小麦	0.10	0.10	0.10	0.10	0.11	0.11	0.12
玉米	0.08	0.08	0.08	0.08	0.08	0.08	0.09
高粱	0.08	0.08	0.08	0.08	0.08	0.08	0.09
大麦	0.09	0.08	0.08	0.09	0.09	0.09	0.11
燕麦	0.09	0.09	0.09	0.09	0.10	0.10	0.14
长粒米/中粒米	0.14	0.14	0.14	0.14	0.14	0.14	0.15
大豆	0.18	0.18	0.18	0.18	0.18	0.18	0.23
陆地棉	1.15	1.15	1.15	1.15	1.15	1~1.15	1~1.15
花生	0.36	0.36	0.36	0.36	0.36	0.36	0.36

数据来源：美国农业部；营销援助贷款的贷款率来自 2002 年、2008 年、2014 年和 2018 年的农业法案。

二、 创新反周期补贴构建新型农民收入保护网

新型农民收入保护网的构建可追溯到 1996 年的《联邦农业完善和改革法案》。该法案终止了自 1933 年以来政府实施的农产品价格支持政策，以减少对市场的干预。然而，随着价格支持的取消和政府的退出，美国农民开始面临较大的市场风险。特别是 1997—1999 年受亚洲金融危机的影响，农产品价格下跌，给美国农民带来了巨大损失。为应对这一困境，1998 年美国政府实施了市场损失援助（Market Loss Assistance）。1999—2001 年，美国政府持续提供援助资金，总额高达 240 亿美元。随后，2002 年《农场安全和农村投资法案》出台，这一法案逆转了自 1985 年以来，尤其是 1996 年市场化改革的方向，重新回归高补贴政策。该法案构建起具有脱钩和反周期补贴性质的新型农民收入

保护网。在减少对市场干预的同时，为农民应对市场变化和收入波动提供了有益的保障。

1. 2002 年反周期补贴与新型农民收入保护网的构建

《2002 年农业法案》中为农民构建的收入"安全保护网"由直接补贴、反周期补贴和贷款差额补贴组成（图 3-6）。这三层网络都属于脱钩补贴，其核算基于历史耕作面积和历史亩产，与当期产量、种植面积脱钩，并不直接干预农民当期生产决策。直接补贴是基于补贴率、历史基础耕作面积和历史亩产计算的，称为"绿色补贴"。反周期补贴与农产品价格波动相关，当营销援助贷款率或者市场价格与直接支付率之和低于目标价格时，反周期补贴即会生效；贷款差额补贴则在市场价格低于贷款率时生效，农民以较低的市场价格归还营销援助贷款，从而获得贷款差额补贴。这几种机制各自承担着不同的职责，贷款差额补贴主要应对市场价格低于贷款率的情况，起到托底作用；而目标价格的设定比贷款率更高，反周期补贴则负责应对市场价格在贷款率和目标价格之间波动的情况。因此，这些机制相互补充，共同构建了一个多层次保障体系。

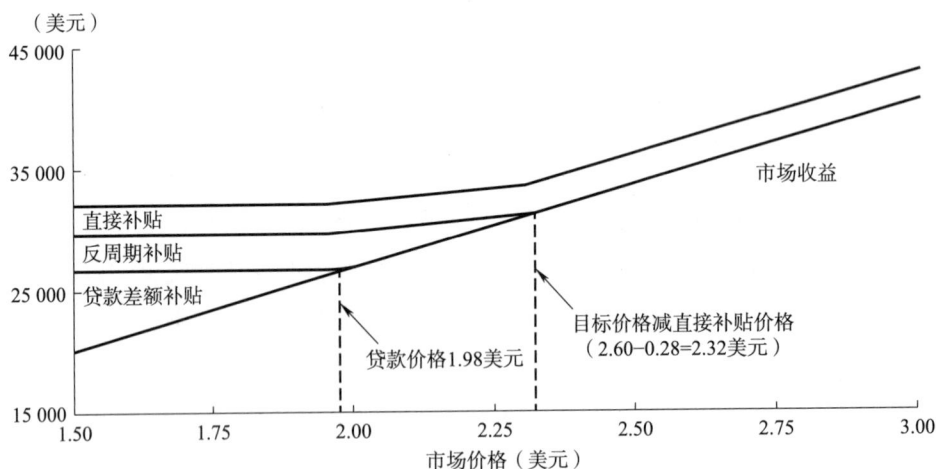

图 3-6　2002 年直接补贴、反周期补贴和贷款差额补贴的互补机制

2.《2002 年农业法案》中直接补贴与反周期补贴的计算

以玉米种植为例，假设一位农户的玉米种植面积为 607 亩（100 英亩），亩

产 564 千克（约合 135 蒲式耳/英亩），直接补贴的标准为 431 千克/亩（约合 103 蒲式耳/英亩），反周期补贴的标准为 502 千克/亩（约合 120 蒲式耳/英亩）。

直接补贴额度 =（直接补贴价格）×（直接补贴标准，即 431 千克/亩）× [（基础耕地面积）×0.85]；

反周期补贴价格 = 目标价格 - 直接补贴价格 - Max（市场价格，贷款价格）；

反周期补贴额度 =（反周期补贴价格）×（反周期补贴标准，即 502 千克/亩）× [（基础耕地面积）×0.85]。

3. 《2014 年农业法案》以农业风险保障计划和价格损失保障计划为核心的收入补贴

2014 年《食物、农场及就业法案》在反周期补贴和 2008 年《食物、资源保护及能源法案》中的平均作物收入选择计划的基础上改进，建立了农业风险保障计划和价格损失保障计划等更为严密的收入保障计划，删除了直接补贴、反周期补贴、营销援助贷款等计划（市场损失援助）。在《2018 年农业法案》中，农业风险保障计划和价格损失保障计划依然是美国农作物商品计划的核心内容。本节将介绍《2014 年农业法案》中的农业风险保障计划和价格损失保障计划，以及《2018 年农业法案》对这两个计划所做的更新。

农业风险保障计划[①]和价格损失保障计划由美国农业部农场服务局管理。参与农业风险保障计划或价格损失保障计划不需要支付任何费用，农民只需要于《2014 年农业法案》实施之初，在农业风险保障计划和价格损失保障计划之间做出选择即可。如果农民没有做出选择，则默认参与价格损失保障计划。此外，《2014 年农业法案》还出台了补充性保障选择（Supplement Coverage Option）计划，作为价格损失保障计划的补充。如果农民选择了价格损失保障计划，可以同时参与补充性保障选择计划；但如果农民选择了农业风险保障计划，则不能参与补充性保障选择计划。农业风险保障计划、价格损失保障计划和补充性保障选择计划三者补偿机制各不相同（表 3-2）。

---

① 2014 年的农业风险保障计划包含农场和县域两个层面的产品，其中县域产品参与最多。后文除特殊说明外，提到的农业风险保障计划特指县域产品。

表 3－2　《2014 年农业法案》农业风险保障计划、价格损失保障计划和

补充性保障选择计划的作用机制

法案内容	农作物商品计划		联邦农作物保险计划
项目名称	农业风险保障计划（县级）	价格损失保障计划	补充性保障选择计划
管理部门	农场服务局	农场服务局	风险管理局
费用与补贴	无	无	有/保费补贴 65％
参与限制	《2014 年农业法案》在执行之初已明确，法案期限内不能更改；不能参与价格损失保障计划和补充性保障选择计划	《2014 年农业法案》在执行之初已明确，法案期限内不能更改；不能参与农业风险保障计划	农民每年可自愿购买。可以加入价格损失保障计划，不能加入农业风险保障计划。农民必须参与农作物保险单产保护计划或收入保护计划
支付机制	当县域的实际收入下降到县域标准收入的 86％以下时	当市场价格（地头价格）下降到《2014 年农业法案》所规定的参考价格以下时	以加入收入保护计划为例，当县域的实际收入下降到县域期望标准收入的 86％以下时
支付计算公式	（县域标准收入×86％－县域实际收入均值）×基础面积×85％	（参考价格－农场价格）×基础面积×FSA 计划单产×85％	（0.86－补充性保障选择计划的风险覆盖水平）×县域期望收入
最大支付值	县域标准收入的 10％	市场价格下降到贷款率及以下时	当县域的实际收入下降到补充性保障选择计划的风险覆盖水平以下时
主要参与作物	玉米，大豆	小麦，小米，花生	参与率不高

资料来源：美国农业部。

（1）价格损失保障计划。价格损失保障计划主要针对小麦、谷物、水稻、油籽、花生及豆类（覆盖的商品）。该机制类似反周期补贴。《2014 年农业法案》首先设定参考价格（Reference Price），如果农产品在销售当期的地头价格（Farm Price）低于此参考价格，生产者将获得补贴；反之，则不启动补贴机制。当地头价格降低到贷款率时，价格损失保障补贴达到最大值，而超出此部分的损失将

由贷款差额补贴补偿。参考价格越高，价格损失保障补贴越高。与 2008 年的目标价格相比，《2014 年农业法案》中设定的参考价格有所上调。

价格损失保障补贴计算方法：

补贴＝（参考价格－农场价格）×基础面积×农场服务局计划单产×85％

其中，补贴单产可参考现有反周期补贴政策的单产，或按照 2008 年到 2012 年作物平均单产的 90％作为标准。基础面积则使用以往在农场服务局登记的面积，也可以进行一次性调整，调整标准为每种作物 2009—2012 作物年度的种植面积平均值。

◆ **案例 1**

假设伊利诺伊州某县某农场的单产补贴标准为该县 2008—2012 年作物平均单产的 90％。其中，玉米单产补贴标准为 613.4 千克/亩（约合 146.6 蒲式耳/英亩），大豆为 219 千克/亩（约合 48.9 蒲式耳/英亩）。根据新法案，玉米的参考价格为 0.15 美元/千克，大豆为 0.30 美元/千克；而 2014 年玉米市场年度均价为 0.13 美元/千克，大豆为 0.28 美元/千克。

玉米价格损失保障补贴金额＝（0.15－0.13）×613.4×85％≈10.4 美元/亩

大豆价格损失保障补贴金额＝（0.30－0.28）×219×85％≈3.7 美元/亩

（2）农业风险保障计划。农业风险保障计划类似收入保险，当农场实际的亩均收入低于县域标准收入（Benchmark County Revenue）的 86％时启动支付，以补偿农民在县域标准收入 76％～86％所遭受的损失。最大补贴额度为县域标准收入的 10％。农业风险保障计划的赔付额度与农场当期的产量及销售价格均相关。县域标准收入越高，农业风险保障补贴越高。

农业风险保障补贴计算方法：

补贴＝（县域标准收入×86％－县域实际收入均值）×基础面积×85％

县域收入标准是前 5 年全国奥林匹克平均价格（除去最低价和最高价）与前 5 年县域奥林匹克平均单产（除去最高产和最低产）的乘积。其中，价格是指年度标准价格（Annual Benchmark Price），取全国参考价格和全国市场平均价格中的较高价。在计算单产时，如果年度单产低于农作物保险中的过渡单产[①]（T-yield）的 70%，那么该年度单产按过渡单产的 70% 计算。

县域实际收入均值是县实际单产与作物年度中的市场年度均价的乘积。

◆ **案例 2**

假设近 5 年县玉米单产的奥林匹克平均值为 718.5 千克/亩，近 5 年全国市场年度均价的奥林匹克平均值为 0.2 美元/千克，2014 年县实际单产为 753 千克/亩，2014 年市场年度均价为 0.16 美元/千克。

县域每亩标准收入＝718.5×0.2＝143.7 美元/亩

县域每亩农业风险保障收入＝143.7×86%≈123.6 美元

县域每亩实际收入＝753×0.16≈120.5 美元

县农业风险保障补贴＝（143.7－120.5）×85%≈19.7 美元/亩

（3）补充性保障选择计划[②]。补充性保障选择计划是《2014 年农业法案》中新增的农作物保险，由美国农业部风险管理局监管，参加补充性保障选择计划需支付保费，政府会提供 65% 的保费补贴。农民在购买补充性保障选择计划时，须同时参与农作物保险计划中的单产保护计划（Yield Protection）或收入保护计划（Revenue Protection），并确定相应的风险覆盖水平。补充性保障选择计划（以参加收入保护计划为例）以播种时期的期货价格确定县域期望收入（Expected County Revenue），并以此作为补贴标准。当农民的实际收入下降到县域期望收入的 86% 以下时，补贴机制启动。若农民选择的风险覆盖水平为 70%，则补充性保障选择计划会补贴农民在县域期望收入 70%～86% 的损失，最大补贴额度为县域期望收入的 16%。县域期望收入值越高，补充性保障选择补贴越高。

[①] 过渡产量是农作物保险中的概念。对于大多数作物而言，标准产量为真实历史产量（Actual Production History）的年度平均值。美国农业部风险管理局要求参保农户具有 4～10 年的真实历史产量数据以及相应的销售和仓单记录。如果农民真实历史产量数据不足 4 年，将使用过渡产量（T-yield）作为替代值，并区分两种情况。一种情况是农民没有真实历史产量数据，则使用过渡产量的 65% 作为替代值；另一种情况是有 0～4 年生产记录的农户使用过渡产量的 80%～100% 作为替代值。

[②] 补充性保障选择计划为农作物保险计划，因其会影响农民参与价格损失保障计划和农业风险保障计划，所以在本节介绍。

补充性保障选择补贴的计算方法如下。

补贴＝（0.86－补充性保障选择计划的风险覆盖水平）×县域期望收入

县域期望收入由播种时期的期货价格确定，它与县域标准收入有所不同。

农业风险保障计划和价格损失保障计划为农民提供了多样化的选择。换言之，农民根据其所处的风险条件自主选择。从参与情况来看，大部分的玉米和大豆种植者选择了农业风险保障计划，其参与面积分别占玉米和大豆种植面积的91％和96％；而大部分的小麦、大米和花生种植者则选择了价格损失保障计划。实际补贴情况与农民的风险预期基本一致，2014年，玉米、大豆和小麦从农业风险保障计划中获得的补贴高于价格损失保障计划。然而，随着2016年价格的下滑，农业风险保障计划和价格损失保障计划补贴的差距逐渐缩小，小麦生产者从价格损失保障计划获得的补贴甚至超过了农业风险保障计划。2014年，农业风险保障计划和价格损失保障计划补贴分别为44.86亿美元和7.74亿美元；而到2015和2016年，农业风险保障计划和价格损失保障计划补贴分别达到78亿美元和69亿美元。2014—2016年，玉米、小麦和大豆种植者平均每年从农业风险保障计划中获得的补贴分别为35亿、5.47亿和5.39亿美元；价格损失保障计划每年支付补贴从7.74亿美元增加到32亿美元，主要补贴给了小麦种植者。补充性保障选择计划的参与率并不高，从2015年2 400万亩下降到了2016年1 500万亩。

4. 《2018年农业法案》中农业风险保障计划和价格损失保障计划的延续与改进

2014年的农业法案中新增的价格损失保障计划和农业风险保障计划是一次重大调整和政策改进。在《2018年农业法案》制定过程中，美国参、众两院都没有提议对农业风险保障计划/价格损失保障计划项目做重要改变，新农业法案沿用了《2014年农业法案》中农业风险保障计划/价格损失保障计划项目的政策工具，并进一步强化了支持。

2014年美国农业法案以农业风险保障计划/价格损失保障计划替代了原有的直接补贴计划和反周期补贴。直接补贴作为"黄箱"政策，其覆盖了包括玉米、棉花、大豆、小麦、大麦、高粱等在内的17种农作物，以及一些油料作物，如双低油菜籽、油菜籽和葵花籽。1999—2013年，直接补贴的年度支出额为

44 亿～81 亿美元，占到政府对农业支持总量的 18%～45%。然而，直接补贴受到美国纳税者的反对，他们认为直接补贴是与生产无关的农民的特殊福利。因此，2014 年，美国立法者声称农业风险保障计划/价格损失保障计划政策成本低于直接补贴，并预计每年补贴 37 亿美元。但实际上，2016—2018 年农业风险保障计划/价格损失保障计划的年平均补贴支出为 73 亿美元，是预测值的近两倍，导致这一现象的主要原因是当时美国国会预算办公室预测 2014—2023 年大豆、小麦、玉米价格上涨，将目标价格设定得较高。然而，实际上这些农产品的价格下降幅度超过了预期，导致实际补贴额度远超预算①。农业风险保障计划/价格损失保障计划补贴属于非特定产品类别的"黄箱"政策。根据美国向世界贸易组织的通报，2017 年农业风险保障计划和价格损失保障计划补贴合计超过了 80 亿美元。

（1）价格损失保障计划。价格损失保障计划主要针对小麦、谷物、水稻、油籽、花生以及豆类。该措施类似反周期补贴。《2014 年农业法案》设定了参考价格，如果农产品的地头价格低于参考价格时，生产者获得补贴；反之，不获得补贴。当地头价格低于营销援助贷款的贷款率，价格损失保障补贴达到最大值，超出的损失部分由贷款差额补贴进行补偿。参考价格越高，相应的价格损失保障补贴也越高。与 2008 年的目标价格相比，《2014 年农业法案》设定的参考价格比目标价格有所提高，且与近年来市场价格的价差不断拉大。例如，小麦的参考价格是 5.50 美元/蒲式耳，而 2016 年和 2017 年市场平均价格分别是 4.89 美元/蒲式耳和 3.89 美元/蒲式耳。2018 年的法案中，价格损失保障计划提出"实际参考价格"（Effective Reference Price）的新概念，该价格介于参考价格的 115% 上浮值与近 5 年全国市场价格的奥林匹克平均值之间。这一概念不仅扩大了补贴触发范围，还提高了潜在的补贴力度（表 3-3）。

---

① 《2014 年农业法案》中，大部分的玉米和大豆种植者选择参与农业风险保障计划，农业风险保障计划的参与面积分别达到了玉米和大豆种植面积的 91% 和 96%；大部分小麦、大米和花生种植者选择参与价格损失保障计划。2014 年，农业风险保障计划和价格损失保障计划补贴分别为 44.86 亿美元和 7.74 亿美元；2015 和 2016 年，农业风险保障计划和价格损失保障计划补贴合计分别为 78 亿美元和 69 亿美元。2014—2016 年，价格损失保障计划每年补贴从 7.74 亿美元增加到 32 亿美元。玉米、小麦和大豆种植者平均每年从 ARC 计划中获得的补贴分别为 35 亿美元、5.47 亿美元和 5.39 亿美元。

表 3 - 3 《2018 年农业法案》的参考价格与 2014 年参考价格和 2008 年目标价格比较

单位：美元/千克

品种	2018 年农业法案			2014 年农业法案参考价格	2008 年农业法案目标价格（2010—2012 作物年度）
	参考价的 115%	参考价格	市场价格奥林匹克平均值的 85%		
小麦	0.23	0.20	0.16	0.20	0.15
玉米	0.17	0.15	0.12	0.15	0.10
高粱	0.18	0.16	0.21	0.16	0.10
大麦	0.26	0.23	0.21	0.23	0.12
燕麦	0.19	0.17	0.15	0.17	0.12
长粒大米	0.35	0.31	0.22	0.31	0.23
中粒大米	0.35	0.31	0.31	0.31	0.23
大豆	0.36	0.31	0.30	0.31	0.22
花生	0.68	0.59	0.41	0.59	0.55
籽棉	0.93	0.82	0.62	/	/
陆地棉	/	/	/	/	1.57

数据来源：2008 年、2014 年和 2018 年美国农业法案。

（2）农业风险保障计划。2018 年的农业法案对农业风险保障计划基础产量数据的计算方法进行了调整，将县域标准收入计算中过渡产量的比例提高至 80%。这里的过渡产量指的是县域过去 10 年的平均产量，提高过渡产量的比例意味着县域标准收入的基准得到了提升。在相同的风险条件下，政府对农民的补贴将会增加。

新法案还从以下方面提升补贴效率和潜在补贴额度。

（1）增强了价格损失保障计划和农业风险保障计划申报的灵活性。新法案保留了价格损失保障计划和农业风险保障计划，取消了个人农业风险保障计划。在新法案执行之初，农民须在农业风险保障计划和价格损失保障计划之间作出选择，并将价格损失保障计划作为默认选项。2021 年之后，农户每年可以在农业风险保障计划和价格损失保障计划之间灵活选择。这样一来，使得农场能参与预期补偿更高的项目，从而获取更高的补贴。

（2）新法案允许农场根据近 5 年的产量信息更新其基础单产。基础单产是计算农业风险保障计划/价格损失保障计划补贴的基数。基数越大，补贴额度就越大。近年来，美国大多数作物的单产不断增加，更新基础单产意味着未来的补贴更高。此外，更新单产的机制还能激励农民不断提高单产，使得农业风险保障计划/价格损失保障计划总体补贴规模长期增加。

（3）将籽棉列入了农业风险保障计划/价格损失保障计划中。由于在美国和巴西的棉花争端案中败诉，棉花最初并未被纳入 2014 年的农业风险保障计划/价格损失保障计划[①]。然而，在棉花生产者的不断游说下，2018 年 3 月，美国国会批准同意将籽棉列入农业风险保障计划/价格损失保障计划项目，并将其纳入《2018 年农业法案》提案。陆地棉的单产以 2.4∶1 的系数折算为籽棉单产（生产陆地棉的土地会同时生产棉绒和籽棉），并作为基础单产进行补贴。以 1980—2016 年棉花历史价格为参考，棉花生产者若参加价格损失保障计划项目，将会获得高达 23 美元/亩的补贴。而农业风险保障计划/价格损失保障计划对棉花种植者的总补贴将达到 15 亿美元。不过，由于适宜种植棉花的土地同样适宜种植大豆、玉米和小麦等，将籽棉纳入补贴项目会减少农业风险保障计划/价格损失保障计划对其他作物的补贴，所以这不会导致美国农业综合支持量超标，但可能违反《补贴与反补贴措施协议》。

（4）规范数据管理。在农作物商品项目运营方面，由于相关机构之间的协调性不足，部分区县使用了美国国家农业统计局数据和农作物保险数据（Crop Insurance Data）等多套数据进行理赔，这导致了数据缺乏权威性并引发了理赔纠纷。2018 年，新法案统一使用农作物保险数据进行理赔，从而解决了部分区县使用多套数据理赔的问题。

三、 美国农产品调控及管理中的市场化运作机制

在最低价保护政策方面，美国政府运用了信贷工具。在种植季节，美国农业部根据农民的种植品种和面积，为农民提供营销援助贷款，并设定贷款率，同时以农民即将收获的农产品作为质押物。在收获季节，如果农产品市场价格高于贷款率，农民可卖掉农产品并归还贷款；如果市场价格低于贷款率，农民既可将农

---

① 在 2014 年，美国出台了额外的保险项目——叠加收入保护计划（Stacked Income Protection Plan）。但由于棉花价格在 2015—2017 年处于高位，获得补贴机会少，参加叠加收入保护计划的人并不多。

产品交给政府，由政府对过剩农产品进行收储，也可以低于贷款率的市场价格归还贷款，这样农民相当于获得了政府的补贴。在这一农产品市场调控政策框架下，政府需要做好两方面的工作：一是贷款的发放和收缴，这项工作由美国农业部行政管理部门——农场服务局负责；二是农产品的收储和管理。根据《美国仓库法案》（United States Warehouse Act，USWA），美国农业部有权对储存农产品的仓库经营者发放许可证，获得经营许可证的仓库经营者必须符合美国农业部制定的有关标准，具体认证工作由美国农业部农业市场开发局（Agricultural Marketing Service）仓库商品管理处（Warehouse Commodity Management Division）负责，被认证的粮库和市场主体范围很广，只要符合相关标准要求即可。获得许可证的私人和公司会与政府签订储存协议，负责储存政府权属的商品。美国农业部批准认可的仓库清单将会被同步提供给当地的农场服务局办公室。农民只有将农产品储存在清单上的仓库中，才能获得仓库储存的营销援助贷款。

总体来看，美国政府通过调控农产品市场来保护农民收入和稳定市场，通过行政机构向农户发放贷款，并通过行政机构对承担农产品保存管理的企业进行认证，以市场化机制对收储农产品进行管理。在市场化运作机制下，政府制定了严格的法律法规、标准规范和认证认可程序，确保了粮食保管这一政策性业务的有效实施。

四、 以政策性设施信贷推动农场仓储体系建设

美国政府在改革营销援助贷款支持方式的同时，还通过政策性设施信贷措施，促进粮食仓储体系的革新，推动社会的粮食储存结构朝着以农场储存为主的方向转变。一方面，政府不直接经营仓储设施，而是委托农场和商业公司代储，并支付管理费用，这样便减少了政府财政支出（1977 年开始，1996 年中止）；另一方面，提升了生产者更强的市场经营与市场风险抵御能力，增强了市场的自我调节能力。

在早期营销援助贷款的影响下，粮食产量持续过剩，导致政府干预性储备迅速累积。以小麦为例，1948 年政府库存为 618 万吨、民间库存为 218 万吨；到

了 1955 年，政府库存增长到 2 587 万吨、民间库存为 225 万吨；至 1960 年，政府库存进一步提高到 3 382 万吨、民间库存为 459 万吨。为了应对过剩的粮食产出，美国政府在 1939—1956 年购买了大量仓储设施，1960 年小麦的仓容超过了 2 000 万吨。1974—1977 年，由于粮价下跌，政府库存再次大幅上涨。

1. 早期的农场自持储备项目

1977 年，《食品和农业法案》通过了农场自持小麦储备（Farm-Held Wheat Reserve）和农场自持饲料储备（Farm-Held Feed Grain Reserve）两个项目，并称为农场自持储备（Farmer-Owned Grain Reserve）项目。该项目旨在鼓励农户自行储粮，以提升他们应对波动风险的能力，增强市场的自我调控能力，同时减轻政府在粮食储备方面的负担。参与储粮的农场主需要与美国商品信贷公司签订生产、储备、贷款合同，美国商品信贷公司向农场主支付储备补贴并提供贷款，农场主需要严格执行与政府签订的粮食生产计划，不得自行处理储备粮。只有当市场价格达到预设水平时，农场主才能销售粮食，保证粮食有序销售。具体而言，参加农场自持储备项目的农场主需要与美国商品信贷公司签订为期 3 年的合约。合约期内的农场需维持一定的储备，且粮权属于农场，农场需对储备粮质量负责。以储备粮食为抵押物，农场可以获得贷款。美国商品信贷公司还为自行储备粮的农户提供长达 10 年的仓储设施贷款，将营销援助贷款的归还期限延长至 3~5 年（饲料作物），并根据储备量的大小按年度支付管理费用。民间储备逐渐成为缓冲市场波动的主要力量，而政府储备逐渐缩减。1985 年的农业法案取消了美国商品信贷公司的粮食储备职能；1996 年的农业法案则正式终止了农场自持储备项目。

2. 农场仓储设施贷款项目

为了强化民间储存能力，美国政府出台了专门针对农场仓储设施的信贷项目——农场仓储设施贷款项目（Farm Storage Facility Loan Program）。该项目为生产者提供低息贷款，用于建造和修缮农场仓储设施。设施信贷项目覆盖的设备包括作物储存和处理的设施、设备和卡车等 15 种，但不包括生产性设备。覆盖的农作物除了营销援助贷款范围内的大宗农产品之外，还包括部分水果蔬菜。2008 年，美国农业法案单独设立食糖仓储设施贷款项目（Sugar Storage Facility Loan Program），主要用于建设和修缮以甘蔗和甜菜为原料的原糖和精糖仓储设施，同年囊括部分可再生能源原料作物。2009 年，项目进一步把蔬菜水果的冷库建设纳入贷款范畴。2014 年美国农业法案批准仓储设施项目继续实施。设施贷款的贷款年限为 3～12 年，最高贷款额度为 50 万美元，其中储存设施和搬运卡车的最大贷款额度为 10 万美元。贷款申请者的首付款比例为 15%，且需要提供过去 3 年正常年份的生产和储存数据作为贷款凭证。2016 年，农场服务局推出 35 万美元的小额贷款（Micro-loan），相比农场仓储设施贷款项目，小额贷款的首付款仅为 5%，且免除了提供历史数据作为凭证的要求。2000—2013 年，美国农业部共发放了 31 000 多份农场仓储设施贷款；贷款总额达 16 亿美元，覆盖的农产品储存量超过 2 600 万吨。

政府通过实施这些仓储设施贷款项目，显著提高了生产者的储存能力。根据 2002 年、2007 年，2012 年美国农业普查数据（图 3-7 至图 3-9）可看出。①农场储存能力总体提升。2002 年美国农场的总储存量为 2.7 亿吨，农场平均储存量为 776 吨；而 2012 年总储存量增加至 3.2 亿吨，农场平均储存量达 1 218 吨。②储存级别较低的农场在数量上大幅减少，而储存级别较高的农场数量明显增加。2002—2012 年，储存级别在 2 万蒲式耳（约合 544 吨大豆）以下的农场数量大幅减少，储存级别大于 10 万蒲式耳（约合 2 720 吨大豆）的农场数量显著增加。同时，2002—2012 年，储存级别在 2 万蒲式耳以下的农场储存总量有所下降，10 万蒲式耳以上的农场储存总量显著增加（图 3-8 和图 3-9）。

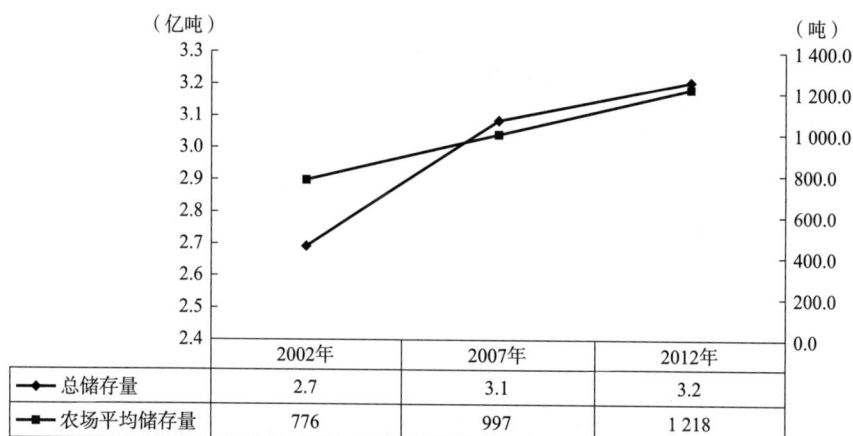

	2002年	2007年	2012年
◆ 总储存量	2.7	3.1	3.2
■ 农场平均储存量	776	997	1 218

图 3-7 农场总储存量及平均储存量

（万吨）

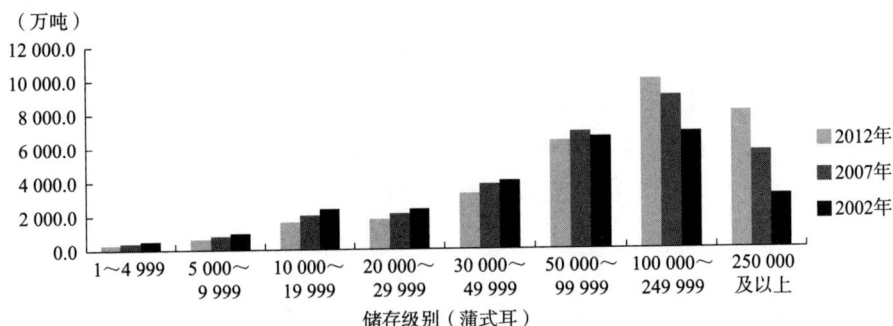

图 3-8　不同储存级别的农场储存总量分布

（个）

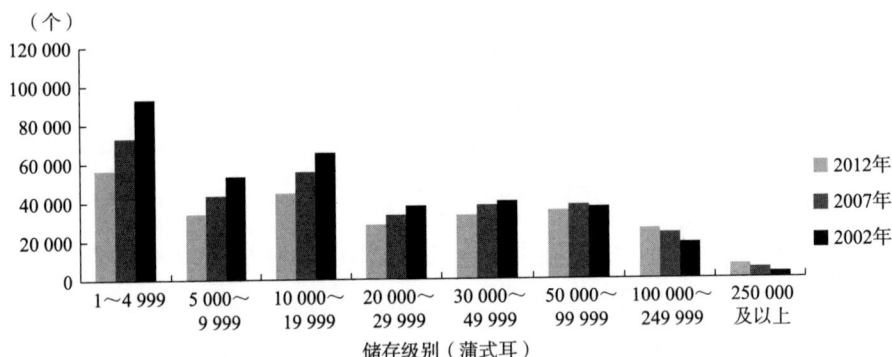

图 3-9　不同储存级别的农场数量分布

数据来源：2002 年、2007 年和 2012 年美国农业普查；2017 年农业普查数据不再公布农场储存数据。

在美国现有的粮食仓储体系中，农场和商业公司各占总储存量的 58% 和 42%。美国商品信贷公司实际控制的仓容较低，且 2008 年之后，该公司基本不再持有粮食库存。2016 年度期末，美国商品信贷公司管理的小麦、大米库存分别为 0.46 吨和 0.50 吨，几乎可以忽略不计。

■ 参 考 文 献

柯炳生，2002. 美国新农业法案的主要内容与影响分析 [J]. 农业经济问题（7）：58-63.

李超民，2000. 中国古代常平仓思想对美国新政农业立法的影响 [J]. 复旦学报（社会科学版）（3）：42-50.

李超民，2004. 美国 70 年来农产品立法与农产品常平仓计划的现实意义［J］. 农业经济问题
　　（4）：73 - 80.

普蕺喆，程郁，郑风田，2017. 以政策性信贷优化农业支持政策：美国镜鉴［J］. 农业经济问
　　题（12）：101 - 111＋114.

普蕺喆，吕新业，钟钰，2019. 主要国家（地区）粮食收储政策演进脉络及启示［J］，中国农
　　村经济（11）：116 - 138.

张昌采，2004. 国外粮食储备管理及其对我国的启示［J］. 经济研究参考（24）：33 - 43.

赵将，张蕙杰，段志煌，2019. 美国农业风险管理政策体系构建及其应用效果：兼对 2018 年
　　美国新农业法案动向的观察［J］. 农业经济问题（7）：134 - 144.

郑风田，普蕺喆，2016. 我国粮食储备主体结构及其优化研究［J］. 价格理论与实践（9）：
　　18 - 22.

Glauber, J. W. , Westhoff, P，2015. *The 2014 Farm Bill and the WTO*［J］. American
　　Journal of Agricultural Economics，97（5）：1287 - 1297.

第四章

美国农业保险政策

21 世纪以来，美国通过强化对农业的综合风险管理，大力发展农业保险，以求实现保障农业稳定发展、减少贫困以及增加经济运行稳定性等目标。一方面，美国不断完善数据体系，并通过现代金融保险技术设计产品，提升农作物的可保性。另一方面，对于可保性不大的农作物，美国推出了非保险救济计划（Non-insured Assistance Program），解决未纳入保险公司承保范围农作物的问题，一旦由于自然灾害原因导致农作物损失超过 50% 或播种面积减少超过 35%，参加该计划的农场主将获得灾害补偿。经过多年的发展，美国农业保险覆盖的广度和深度大大提高，其预算支出超过了农作物商品项目和土地休耕计划，成为对农民最重要的收入补贴计划。

一、 当代美国农业保险体系

美国的农业保险体系在 20 世纪 80 年代经历了重要变革。1938 年，美国政府组建了联邦农作物保险公司（Federal Crop Insurance Corporation）。在 1980 年之前，联邦农作物保险公司是独家农业保险供给方。但在 20 世纪 80 年代，里根政府采纳了供给学派的理论，推动了市场化改革，引入了市场机制，指定私营农业保险公司运营政策性农业保险，联邦农作物保险公司自此转型为再保险公司，为承保的农业保险公司提供再保险支持，并负责执行政府对农户的保费补贴和经营费用补贴政策。同时，美国农业部组建了风险管理局，负责联邦农作物保险项目的政策制定及对联邦农作物保险公司和私营农业保险公司进行监管。风险管理局、联邦农作物保险公司和私营农业保险公司构成了当代美国农业保险体系（图 4-1）。

进入 21 世纪，美国基于这种农业保险的体制机制，采用了保费补贴、私营农业保险公司运营费用补贴、再保险支持等政策工具来促进农业保险的发展。政府指定 17 家私营农业保险公司和联邦农作物保险公司通过《标准再保险协议》界定各自的权利与义务。根据该协议，17 家私营农业保险公司按照联邦农作物保险公司的统一要求开展具体的农业保险业务，赚取服务费用，承担有限的业务风险，确保收益的稳定性。联邦农作物保险公司负责私营农业保险公司的再保险支持（Government's Share of Participating in Underwriting Gains and Losses）和运营行政费用补贴（Administrative & Operation，A&O，包括保费收缴、查

勘和理赔等）。在实际运营过程中，私营农业保险公司普遍依托下级保险代理商
（Crop Insurance Agent）参与竞争，其大部分的运营费用来支付代理商。保费补
贴则由联邦农作物保险公司通过承保合同、再保险协议与私营农业保险公司在年
终统一核算。国际上普遍将再保险视为公益性政府职能，由国有企业提供再保险
支持是在市场失灵情况下的普遍做法。美国构建的再保险体系，有利于提高私营
农业保险公司参与农业保险市场的积极性。美国自 1980 年之后从国有企业独营
农业保险转为指定部分私营企业参与，引入了市场竞争，促进了农业保险产品的
开发。收入保险、价格保险、指数保险产品不断涌现，为美国农民提供了多样化
的选择和更好的风险保障。

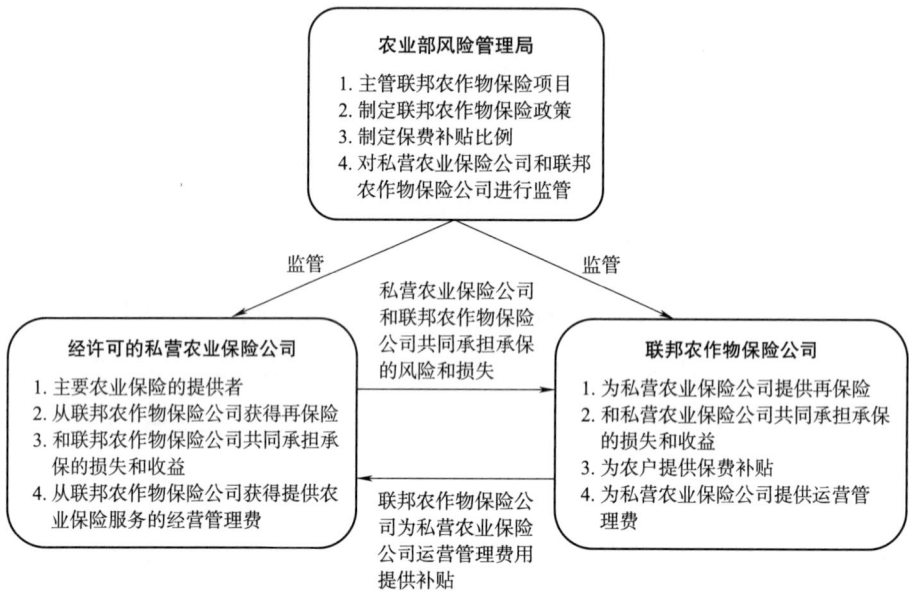

图 4-1 联邦农作物保险现行运营管理体系

资料来源：美国国会研究服务局。

二、 以保费补贴为主的多元化政策工具

在多元化政策工具中，增加保费补贴和提高风险覆盖程度是提高保险可得
性、激励农民参保最主要的手段。2000 年颁布的《农作物风险保障计划法案》
将风险覆盖程度为 75％的保费补贴由 18％提高到 55％，之后，政府在保费补贴

等方面的投入不断增加。美国联邦农作物保险项目年度财政投入在 2000 年之前不超过 10 亿美元，2004 年增长到 33 亿美元，其中保费补贴占比 56%；2014 年达到了 86 亿美元，保费补贴占比 87%。根据美国国会研究服务局 2018 年的统计，2007—2016 年，美国农业保险项目总支出 720 亿美元，其中保费补贴 430 亿美元，对农业保险公司的补贴合计 280 亿美元，风险管理局运营支出 7.54 亿美元，分别占比 60%、39% 和 1%。根据美国国会研究服务局 2021 年的统计，2010—2020 年，美国政府为联邦农作物保险平均每年支付 82 亿美元。再根据美国农业部 2021 年预算报告，2019 年联邦农作物保险总支出 118.3 亿美元，2021 年预算为 87.7 亿美元（表 4-1）。

表 4-1　2021 年联邦农作物保险项目预算

单位：百万美元

预算条款	2019 年实际支出	2020 年通过	2021 年预算数
自由裁量型支出 Discretionary：			
农业风险管理局工资及费用预算 RMA Salaries and Expenses Appropriations	58	58	59
从联邦农作物保险公司获得的转移支付 Transfer from FCIC（Mandatory）	7	7	7
合计	65	65	66
强制性支出 Mandatory：			
扣除生产者已付保险费后的赔偿 Indemnities Net of Producer Paid Premium	8 022	3 968	5 965
运送费用（对私营公司的运营管理费用补贴） Delivery Expense	1 567	1 583	1 599
承销费用（对保险公司的再保险支持） Underwriting Gain	2 143	2 127	1 134
强制性支出	11 773	7 716	8 736
合计（调整前）	11 838	7 781	8 802
法律提案 Proposed Legislation	—	—	- 32
总计	11 838	7 781	8 770

注：此表格未反映出保费补贴的金额，联邦农作物保险项目假定赔率（总赔付/总保额）为 1%。

三、 以收入保险为主的农业保险产品体系

美国联邦农作物保险项目从 1996 年开始引入收入保险产品，改变了此前以产量保险为主的产品结构。1996 年之后，美国的收入保险快速发展，到 2003 年便成了最受农民欢迎的农业保险产品。目前，美国的农业保险形成了以收入保险为主的 20 多种保险险种，覆盖的农作物达到 123 种，产品体系十分丰富。其中，收入保险以收入保护计划（Revenue Protection）为主，产量保险主要包括真实生产历史保险（Actual Production History）、单产保护计划（Yield Protection）及巨灾风险保障（Catastrophic Risk Protection）。2017 年，美国联邦农作物保险项目总保额达到 1 061 亿美元，其中收入保护计划、真实生产历史保险和单产保护计划分别占比 69.3%、12.5% 和 6.4%。此外，整个农场总收入保险（Whole-Farm Revenue Protection）和边际保险（Margin Insurance）等产品的保额占到总保额的 11.8%。本书将对收入保护计划及产量保险中的真实生产历史保险、单产保护计划和巨灾风险保障进行重点介绍（表 4 - 2）。

表 4 - 2　美国主要农业保险项目的名称与类型

	保险项目	支付机制	赔付标准	农民支付成本
以产量为基础的保险产品	单产保护计划	低于产量标准的覆盖比例。产量的风险覆盖水平为 50%~75%；价格的风险覆盖水平为 55%~100%	（产量风险覆盖水平×标准产量－实际产量）×价格风险保障水平×预测价格	支付一定比例的保费。风险覆盖水平越高，费率越低
	真实生产历史保险	低于产量标准的覆盖比例。产量的风险覆盖水平为 50%~75%；价格的风险覆盖水平为 55%~100%	（产量风险覆盖水平×标准产量－实际产量）×价格风险保障水平×预测价格	支付一定比例的保费。风险覆盖水平越高，费率越低
	巨灾风险保障	低于产量标准的覆盖比例。产量的风险覆盖水平为 50%；价格的风险覆盖水平为 55%	（0.50×标准产量－实际产量）×（0.55×预测价格）	行政管理费。每个县每种作物管理费为 300 美元

（续）

保险项目		支付机制	赔付标准	农民支付成本
以收入为基础的保险产品	收入保护计划	低于标准收入的覆盖比例。收入的风险覆盖水平为50%～85%（取预计价格和收获价格的高价计算标准收入）	收入风险覆盖比例×标准收入－实际收入	支付一定比例的保费。风险覆盖水平越高，费率越低
	收获价格除外的收入保护计划	标准收入的50%～85%（以预测价格计算标准收入）	以85%为例：0.85×标准收入－实际收入	支付一定比例的保费。风险覆盖水平越高，费率越低

资料来源：美国农业部。

1. 以产量为基础的保险产品

产量保险是以产量损失达到一定程度作为赔偿发生条件的保险产品，是一种传统农业保险产品。在1980之前，美国农业保险以产量险（多重危险作物保险）为主，共涉及土豆、大豆、柑橘等在内的28种农作物。1980—1996年，多重灾害性农业保险依然是常见的保险产品。

（1）真实生产历史保险。真实生产历史保险为个体险种，其基于投保人实际生产历史的产量和农产品的预测价格进行保障，当农场的实际产量低于预测的产量标准的覆盖比例时启动赔付。

真实生产历史保险的赔付算法：

赔付＝（产量风险覆盖水平×标准产量－实际产量）×价格风险保障水平×预测价格

对于大多数作物而言，标准产量为真实历史产量的年度平均值。美国农业部风险管理局要求参保农户提供4～10年的真实历史产量数据及相应的销售和仓单记录。如果真实历史产量数据不足4年，农业风险管理局将使用过渡产量（T-yield，县域10年平均产量）作为替代值。其中，如果农民没有真实历史产量数据，则只能使用过渡产量的65%作为替代值，有0～4年生产记录的农户可以使用过渡产量的80%～100%作为替代值。产量保险的风险覆盖水平为50%～75%。

一般情况下，由农业部风险管理局在种植季节前根据市场状况进行预测，从而确定农产品预测价格。农业部风险管理局的价格预测方式比较灵活，数据来源较多，如可以根据销售合同约定价格来计算该农作物的保额大小。

价格的风险覆盖水平为55%～100%。

◆ **案例 3**

设定：

APH 标准产量＝493 千克/亩

预测价格＝0.1 美元/千克

产量风险覆盖水平＝75%

价格风险覆盖水平＝100%

收获单产＝224 千克/亩

则可以计算：

保障单产＝493×75%＝370 千克/亩

赔偿金额＝（370－224）×0.1＝14.6 美元/亩

（2）单产保护计划。2010 年，农业部风险管理局推出了单产保护保险，其运行原理与真实生产历史保险一样。不同的是，其农产品的预测价格不是由农业部风险管理局决定的，而是由期货价格决定的。适用此类保险计划的农产品往往都是期货市场上的交易品种。

单产保护计划的赔付算法：

赔付＝（产量风险覆盖水平×标准产量－实际产量）×价格风险保障水平×预测价格

预测价格（Projected Price）采用芝加哥期货交易所远期合约的价格数据，其中大豆预测价格采用 2 月份每天对应的同年 11 月份远期合约价格的平均值，玉米预测价格则采用 2 月份每天对应的同年 12 月份远期合约价格的平均值。

（3）巨灾风险保障。巨灾风险保障为农民提供了基本的安全保障，帮助农民应对农业生产中突发的重大损失，这一普惠性农业保险政策对于所有农作物和地区均适用。该保险规定当农作物平均单产损失超过 50% 时，农民获得赔偿，赔偿额度为当年农作物市场价格的 55%；该保险保费全部由政府补贴，每个县的每种农作物每年只需缴纳 300 美元的管理费，便可获得多种作物在最大损失情况下的赔偿。

巨灾风险保障的赔付算法：

赔付＝（0.50×标准产量－实际产量）×（0.55×预测价格）

2. 以收入为基础的保险产品

以产量为基础的保险产品难以应对价格波动带来的风险。20 世纪 90 年代中期，美国政府推出了收入保险，将价格波动风险纳入保险责任中，收入保险产品保障了农民一定的收入水平。当投保人的实际农业收入低于承保水平时，不管这种下降是由价格下跌还是由产量减少导致的，农民都将获得赔偿。收入保险主要分为 5 类：作物收益保障保险（Crop Revenue Coverage）、收入保护保险（Income Protection）、收益保证保险（Revenue Assurance）、团体风险收入保护（Group Risk Income Protection）以及农场总收入保险（Gross Farm Revenue）。前 3 种为个体险种，后 2 种为群体险种。农业部风险管理局在 2010 年发布了 COMBO 规则，把先前实施的具有相似功能的保险产品合并成单一的"普通农作物保单"。以前收入保险中的作物收益保障保险、收入保护保险、指数化收入保险、收益保证保险等合并成单一的收入保护计划及收获价格除外的收入保护计划。

（1）收入保护计划。收入保护计划为作物收入损失提供保障，不论是由单产下降还是由价格下跌造成的损失。当农民的实际收入低于标准收入时，便可得到赔偿。

收入保护计划的赔付算法：

赔付＝收入风险覆盖比例×标准收入－实际收入

标准收入＝真实生产历史单产×预测价格或收获价格（Harvest Price）。此处取预测价格或收获价格中的较高值。收获价格采用芝加哥期货交易所收获期的远期合约价格数据，其中大豆和玉米均采用 10 月份每天对应的同年 11 月份的远期合约价格的平均值。

收入的风险覆盖水平为 50%～85%。

实际收入为实际产量和收获价格的乘积，收获价格并非基于农民真实的销售价格。

◆ **案例 4**

设定：

真实生产历史单产＝670 千克/亩

指定合约 2 月期价（预测价格）＝0.18 美元/蒲式耳

收入风险覆盖比例＝75％

收获单产＝418 千克/亩

收获价＝0.23 美元/蒲式耳

则可以计算：

保额＝收入风险覆盖比例×真实生产历史单产×较高值（2 月期价/收获价）

＝75％×670×0.23＝116 美元/亩

实际收入＝418×0.23＝96 美元/亩

赔偿金额＝116－96＝20 美元/亩

（2）收获价格除外的收入保护计划。收获价格除外的收入保护计划运行原理与收入保护计划一样，差别是收获价格除外的收入保护计划的标准收入只由预测价格确定，即便收获价格高于预测价格，标准收入也不会相应增加。

收获价格除外的收入保护计划的赔付算法：

赔付＝收入风险覆盖比例×标准收入－实际收入

四、 美国农业保险运营的成效、 问题及 《2018 年农业法案》 的改进

（一）美国农业保险运营的成效

21 世纪以来，美国农业保险快速发展，成为保护农民收入的重要手段。与农作物商品项目补偿农民收入的浅度损失相比，联邦农作物保险项目则补偿农民收入的深度损失。1980—2020 年，美国联邦农作物保险所覆盖的农作物面积从 1.61 亿亩（约合 0.266 亿英亩）增加到接近 24 亿亩（约合 3.96 亿英亩，牧草、

牲畜等面积除外），覆盖率达到可耕地面积的 90％以上；而 1990—2015 年，美国农作物保险项目总保额是农作物总价值的 85％（85％是最高的风险覆盖比例，也是最受欢迎的保险产品），覆盖面积从 16％增加到 54％。2019 年，美国联邦农作物保险项目的总保额高达 116 亿美元，占美国农业生产总值的 28％。超过 90％的玉米、大豆、棉花种植面积和 85％的小麦种植面积均被联邦农作物保险项目所覆盖。相关研究表明，农业保险可有效保护农民收入、减缓农民收入波动，参与该保险（以风险覆盖程度为 75％的产品为例）的玉米、大豆和小麦种植者，每亩最低收入水平大幅提高，收入波动系数显著降低。事实证明，在 2008 年美国次贷危机和 2011 年欧债危机中，农产品价格大幅下跌情况下，农业保险赔付在维护农民收入稳定方面发挥了主要作用。

然而，美国农业保险项目在运营和政策合规性方面仍面临重要挑战。在项目经营方面，①农产品供需受多种因素影响，不确定性往往导致农业生产和农产品价格波动较大；②农业保险承保范围包括洪水、干旱等系统风险，这些风险给保险经营带来了更大挑战；③多种灾害险的经营风险较高，而收入保险的加入进一步加剧了保险的经营难度；④农业保险经营中逆向选择和道德风险等问题依然普遍存在。在政策合规性方面，美国农业保险的"黄箱"属性日益突显。世界贸易组织鼓励"绿箱"属性的农业保险应用，以减少对产业和贸易的干预。但美国农作物保险以收入保护计划保险为主，与特定农作物产量、价格和收入挂钩，属于"黄箱"范畴，不属于"绿箱"范畴。自 2012 年开始，美国将农作物保险项目中的保费补贴列为"黄箱"政策特定产品补贴类别向世界贸易组织汇报。同时，美国政府对其农业保险公司运营费用的补贴和损益补偿依然作为"绿箱"措施向世界贸易组织汇报，而再保险支持没有向世界贸易组织汇报，这被认为是不透明和不公平的。有学者认为，保费补贴类似 2002 年的直接补贴，属于"黄箱"范畴，需要降低，甚至取消保费补贴。

（二）2018 年农业法案对农业保险的改进

虽然美国农业保险存在运营和政策上合规性的问题，但美国政府仍坚持现有的政策思路，认为保费补贴是提高保险可得性、促进农民参保最主要的手段，坚持维持对保费的高补贴，不同意降低保费补贴以牺牲参保率。2018年的新法案保持了原有的农业保险运营思路，延续了对农作物保险项目的高保费补贴，从提高补贴效率等方面进行改进，并加强了对乳业保险的支持力度。

在农业保险运营效率改进方面，主要包括以下三点。①提高县区基本行政管理费。将每种农作物每个县的管理费提高至655美元。②数据规范化管理。将美国农业部统计局数据及其他统计数据汇总到美国联邦农作物保险公司，实现数据的统一。同时，美国允许私营农业保险公司等对农户产量统计数据进行适当修正。③鼓励参保农户遵守良好的耕作方法①（Good Farming Practice），减少农民的道德风险，提升农业保险在环境保护方面的功能作用。

在对乳业保险的支持方面，政策支持力度大大加强。2008年前后，美国创新推出乳业保险，以解决养殖户时常面临的生鲜乳价格下跌和饲料成本上涨的双重压力，支持方式从对收入支持转向对生产利润的支持。2014年，《食物、农场及就业法案》正式实施了乳制品毛利保障计划（Margin Protection Program for Dairy）。乳制品毛利保障计划是一个兼具农业保险和反周期补贴特点的政府项目，由美国农业部农场服务局负责实施。该计划自愿参与，参与者需要缴纳管理费和保险费。其中，管理费每年100美元；保险费取决于养殖户所选择的毛利保障水平、历史产量及保障百分比。当生鲜乳平均价格与生产生鲜乳的平均饲料成本之间的差额（即毛利）低于养殖户所选择的毛利保障水平时，乳制品毛利保障计划提供差额补偿。然而，由于乳制品毛利保障计划的保障范围小、保障程度低，奶农的参与积极性并不高。2018年，农业法案新增乳制品毛利覆盖计划，用于逐步取代乳制品毛利保障计划。乳制品毛利覆盖计划通过提高保障程度，向小规模奶农倾斜支持力度、增加核算频率、提高赔付概率及保费折扣等方式鼓励奶农参与并扩大保险覆盖面。该计划属于"黄箱"政策范畴，乳制品毛利覆盖计划的赔付和农业风险保障计划/价格损失保障计划存在此消彼长的关系。例如，当玉米、大豆饲用作物等价格上涨时，农业风险保障计划/价格损失保障计划补贴会减少，而乳制品毛利覆盖计划的赔付会增加。

---

① 良好的耕作方法是指科学和可持续的生产方式。

■ 参 考 文 献 ————————————————————

彭超，2019. 美国新农业法案的主要内容、国内争议与借鉴意义 [J]. 世界农业（1）：4 -
16＋26.

齐皓天，徐雪高，朱满德，等，2017. 农业保险补贴如何规避 WTO 规则约束：美国做法及启
示 [J]. 农业经济问题（7）：101 - 109＋112.

沈洁，于鸿基，2014. 近 10 年国际市场粮价波动特点及原因分析 [J]. 中国粮食经济（10）：
48 - 51.

赵将，张蕙杰，段志煌，2019. 美国农业风险管理政策体系构建及其应用效果：兼对 2018 年
美国新农业法案动向的观察 [J]. 农业经济问题（7）：134 - 144.

第五章

美国农业土地休耕计划

20世纪20年代至30年代，由于缺乏水土保护措施，美国的农业遭受了毁灭性洪水、持久干旱和沙尘泛滥的威胁。在此背景下，美国政府开启探索农业保护。20世纪30年代，粮食等农产品供应过剩，为稳定市场价格、抑制生产过剩，美国政府将农业休耕政策作为农业保护政策的关注重点，并与少耕、免耕、合理种植等保护性耕作措施相结合，以实现农业生产与生态保护协同发展，兼顾经济效益与生态效益。

1985年，美国国会通过了《粮食安全法》，美国农业土地休耕计划正式启动，这标志着美国农业土地休耕体系开始走向成熟。美国农业土地休耕计划在缓解粮食过剩、改善土壤环境，修复环境脆弱地区生态和保护野生动物等方面作出了突出贡献。美国农业土地休耕计划被认为是目前世界上最成功的土地休耕计划之一。

一、 美国农业土地利用情况及土地休耕计划赋予生态的内涵

（一）美国农业土地利用情况

美国土地总面积约为936.28万平方千米，其中陆地面积约为920万平方千米。美国原有50%的森林覆盖、40%的草原覆盖，以及10%的旱地和荒原，但随着掠夺式土地经营，美国的生态环境急剧恶化。自美国建国初期至20世纪初，美国的原始森林面积减少了3/4。美国的农业用地（耕地和牧地）总面积，占全球农业用地的10%左右。19世纪中叶，美国政府为了推动农业生产，先后颁布了一系列灵活多样的土地开发政策，如《沙漠土地法》《鼓励西部植树法》等。然而，由于当时美国各级政府的土地保护意识较弱，相关法律法规也处于探索阶段，从而使投机商在土地开发方面有机可乘，致使短短几十年，美国的土地遭受了严重的破坏。

1934年5月，美国发生了震惊世界的"黑风暴"事件，波及美国27个州，覆盖了约75%的国土面积。强沙尘暴刮走了大平原600多万亩农田上的超3亿吨肥沃表土，导致当年冬小麦减产51亿公斤。这一事件加速了美国生态保护政策的转变，尤其使美国政府更加重视农业土地利用问题。

（二）以休耕为抓手，赋予农业土地利用生态内涵

美国农场和牧场的土地约占 48 个相邻州土地总量的一半，这些土地大部分由私人拥有和经营，其中包括 99％ 的农田和 61％ 的牧场。在农业生产中，土地作为基本生产资料，既是农业生产活动的场所，又是农业生产的劳动对象。农业生产者依赖土地维持生计，但过渡开垦和过度使用农用化学品导致土地资源面临严峻挑战。约 200 万美国农场经营者的做法导致土壤被侵蚀、被污染以及地表水和地下水被污染，近 71％ 的农田所处流域的硝酸盐、磷、大肠菌群或悬浮沉积物水平超标。此外，农业生产（尤其是掠夺式农业生产）也被视为导致地下水水位下降，地下水污染加剧，野生动物栖息地丧失、受威胁和濒危物种数量增加的原因之一。

为应对这些挑战，改善农业生产方式成为美国生态保护政策的主要突破口。自 20 世纪 30 年代以来，美国先后实施了一系列农业保护政策，包括推动农业灌溉增效、实施土地休耕、推广保护性耕作（少耕、免耕）等，其中土地休耕为核心措施。20 世纪 30 年代至 70 年代，经过数十年的探索，具有里程碑意义的美国农业土地休耕计划于 1985 年正式启动。该计划为实现美国农业与生态协同发展提供了重要方案，也为世界各国各地区相关方案的制定提供了参考价值。

二、美国农业保护政策的演变与农业土地休耕体系的形成

（一）美国农业保护政策的演变

基于粮食长期生产过剩状况，美国采取了缩减播种面积的策略来控制农产品生产，并结合"常平仓"制度，旨在实现价格支持和市场调控。1938 年的《农业调整法案》规定，未参与播种面积缩减计划的农民将无法得到营销援助贷款。在正常情况下，美国农业部会要求农民休耕 5％～10％ 的可耕地。进入休耕计划的土地并未荒废或被改变生产用途，而是得到了休养生息，以便在危机年份这些

土地可以重新投入使用。因此，美国的农业土地休耕政策蕴含着"藏粮于地"的深意，促进了农业生产的可持续发展（图 5-1）。

（10亿美元）（基于2018年不变价格）

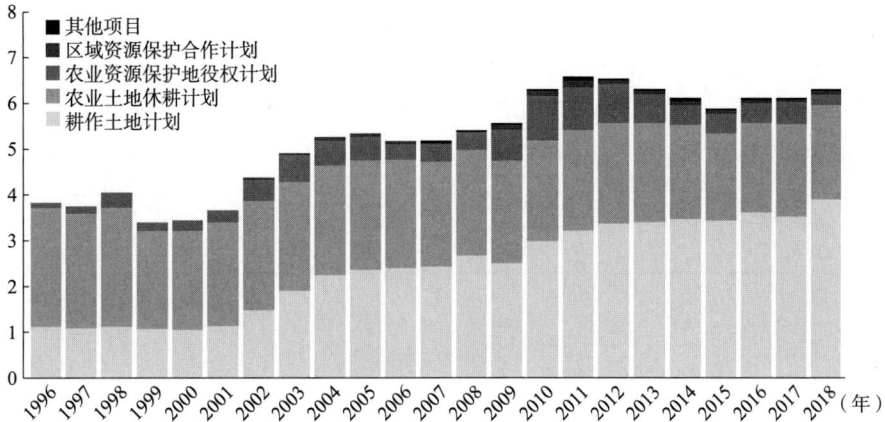

图 5-1　美国主要的农业土地休耕及环境保护项目支出（1996—2018 年）

注：①耕作土地计划包括环境质量激励计划、资源保护管理计划、保护技术援助计划；

②农业资源保护地役权计划的前任项目包括湿地保护计划、农田保护计划，以及草地保护计划部分内容；

③其他项目包括自愿公共开放生活环境激励计划、健康森林贮备计划、农业管理援助计划，以及一些流域项目。

数据来源：美国农业部。

20 世纪 30 年代至 70 年代，美国先后实施农业保护计划、土壤银行等，均是对农业土地休耕政策的有益探索。其主要目标是控制农业生产，以降低农业生产对生态环境的影响。但此类项目所涉及的农业土地休耕部分多是短期的，且实施规模波动较大（图 5-2）。

1985 年，美国国会通过了《粮食安全法》，标志着美国农业土地休耕计划正式启动。1986 年，美国农业土地休耕计划正式实施，该项目由美国财政部投资、农业部负责，通过政府与农户之间签署的合同，形成一个长达 10～15 年的休耕年限，旨在缓解农产品过剩、稳定市场价格、保护生物多样性和减少土壤侵蚀。

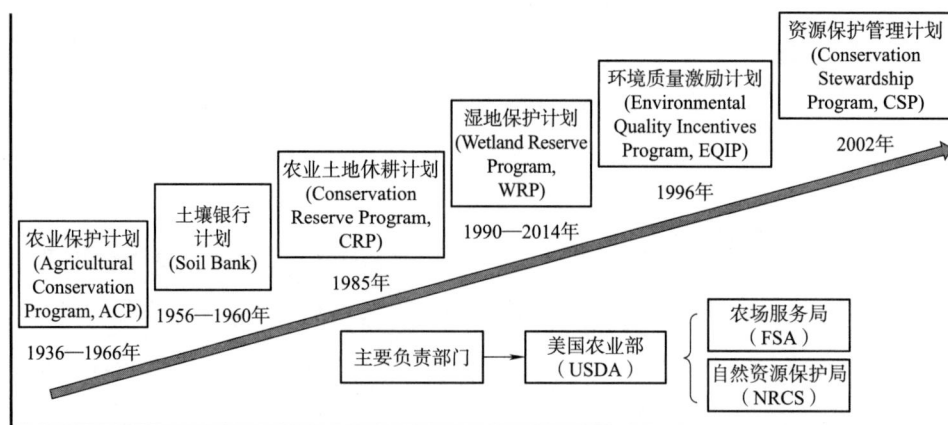

图 5-2　美国农业土地保护政策的演变

（二）以农业土地休耕计划为依托的农业土地休耕体系形成

美国农业土地休耕计划的启动，标志着美国农业土地休耕计划体系开始走向成熟。根据 1985 年的《粮食安全法》，美国农业部与农业生产者签订了农业土地休耕计划合同，合同期限一般为 10～15 年。农业生产者自愿放弃土地经营权，美国农业部每年向参与者支付休耕报酬，并对参与者建立的永久土地覆盖物进行补偿，以此对受侵蚀严重和环境敏感的土地实施休耕保护。美国农业土地休耕计划的初衷首先是减少受侵蚀严重的土地面积，其次是改善水质、保护野生动物栖息地和增加农民收入。自 1986 年美国农业土地休耕计划启动以来，为了缓解农业生产对环境的负面影响，美国已经投入了数十亿美元的资金用于支付参与者的休耕补偿。

1. 开启农业土地休耕新方向（1985—1990 年）

美国早期农业保护项目始于 20 世纪 30 年代，其重点是减少土壤侵蚀、保护水资源。在 20 世纪 50 年代，美国出台了《1956 年农业法案》，该法案强调应重视土壤侵蚀和大宗农产品的库存问题。在具体做法上，为缓解土壤侵蚀问题，美国农业部在 1956 年推出了土壤银行计划，该计划使农田休耕 3～10 年，并在休耕期间保持作物覆盖以维护土壤，该计划最后一份合同于 20 世纪 70 年代初到期。随后，1965 年的《食品和农业法案》推出年度播种面积缩减计划。但是，该计划的实施效果并不理想。一方面，农民会讨价还价，要求降低缩减的比例；另一方面，农民只会选择缩减生产能力较差的土地（即边际土地）。

早期的各项计划为美国农业土地休耕计划奠定了基础。1985 年，美国国会通过了《粮食安全法》，标志着美国农业土地休耕计划的正式启动。该计划主要针对侵蚀严重的农田，并涉及耕地人员、耕作系统运行、保护处理措施和处理周期等。在适用土地的界定上，相关部门综合考量了气候、土壤侵蚀性和农田坡度等因素，运用土壤侵蚀公式对农田进行评估，确定土壤受侵蚀程度，以此确定参与土地休耕的区域。在参与形式上，农业生产者向美国农业部提出申请，审核通过后，农业生产者每年可以获得相应的补贴。美国农业土地休耕计划在成立之初，被授权在 1990 年底前登记 1 620 万～1 820 万公顷。1986—1989 年，注册面积已达到 1 360 万公顷（3 360 万英亩）。

2. 完善的土地休耕体系逐步形成（1990 年至今）

1990 年，《食品、农业、资源保护和贸易法案》扩大了美国农业土地休耕计划，并在项目运作方面做出了重大改变。国会要求，在登记过程中必须全面考虑环境目标范围。对此，美国农业部建立并应用了环境效益指数（Environmental Benefits Index），旨在更好地完善农业土地休耕计划的选用范围。截至 1997 年 1 月，该计划已涵盖约 3 300 万英亩农田，每年花费超过 16 亿美元。

1996 年的《联邦农业完善和改革法案》授权美国农业部在 2002 年之前登记最多 3 640 万英亩的休耕土地。1997 年，美国农业部明确了农业土地休耕计划的实施目标，即注重成本效益，聚焦该计划对环境敏感地区的改善，并对环境效益指数进行完善，使其内涵更为丰富，涉及野生动物栖息地、水质、土质，以及实施保护措施的长期收益、合同签订等。此外，1997 年美国农业部制定了农业土地休耕加强计划，鼓励更多符合环境效益目标的土地加入休耕计划。2002 年，美国农业部对农业土地休耕计划的参与标准进行了完善，并对签订合同的期限进行延长；2008 年的农业法案进一步优化了该计划的资格要求，并规范了评定流程。

2014 年，农业法案再次授权实施农业土地休耕计划，并扩大了允许耕作的范围。如果经营主体的耕作行为不会造成土壤流失或影响水质，则政府提供的休耕补偿金不受影响，同时保留了一部分放牧、种植牧草和播种的权利。此外，该法案提出，到2018年将登记总额调减到2 400万英亩。而2018年的《农业提升法案》则延续了2014年农业法案的大部分内容，继续授权实施农业土地休耕计划，并为自愿休耕的农田提供10～15年的报酬。在《农业提升法案》实施期间，美国农业土地休耕计划的预计资金为每年20亿美元。

三、 美国农业土地休耕计划的实施情况及制度安排

（一）美国农业土地休耕计划的实施情况

1. 美国农业土地休耕计划的目标

美国的农业保护政策侧重降低农业对生态环境的不利影响，通常采取激励措施，将环境敏感土地从农业生产中去除。就美国农业土地休耕计划而言，其主要目标是减少高侵蚀性耕地的土壤侵蚀，次要目标则包括改善水质、保护野生动物栖息地和为农民提供收入来源等。

美国农业土地休耕计划的具体目标包括七个方面：减少水和风的侵蚀；保护土地的生产力，保障食品和纤维等主要产品供给；减少泥沙淤积；改善水质；为野生动物提供更好的栖息地和食物；调控农产品生产，避免过剩；为农民提供支持，改善农民收入水平。

为实现上述目标，美国农业土地休耕计划制定了相应的保护措施。例如，优化作物和牲畜的养分管理系统，以保护水质；采用水土保持措施，减少农田径流和土壤流失；加强水资源管理，改善水资源保护和排水控制；优化牲畜放牧管理，保护草原和河岸生态系统；完善休耕制度，以保护野生动物栖息地和食物等。

2. 美国农业土地休耕计划的资格评审与登记方式

美国农业土地休耕计划是运用科学评价指标、市场竞争机制及绿色补贴政策的典型例子。其依据环境效益指数对竞标土地的环境价值进行评价打分，并筛选出得分最高的申请者，给予其补偿机会。

1991年，美国农业部改变了招标程序，开始采用环境效益指数对投标进行

排序。这一指数由美国农业部经济研究局牵头，联合美国农业部环境保护署（Environmental Protection Agency）、鱼类和野生动物管理局（Fish and Wildlife Service）等共同开发。环境效益指数包括改善地表水和地下水质量、增加林木的种植面积、纳入国会指定的优先保护区等各个方面。环境效益指数的分值主要为：水质保护 20 分、创造野生动物栖息地 20 分、缓解土壤侵蚀 20 分、林木种植 10 分。当申请者提交农业土地休耕计划申请时，自然资源保护服务局会针对该土地提供环境效益指数的客观数据。数据被提交至主管部门，用于计算环境效益指数分值，并依据得分与报价确定申请者能否通过审核。

1997 年初，美国农业部对环境效益指数进行了完善。修订后的环境效益指数包括 6 个环境因素和 1 个成本因素，分值最高为 600 分，保护的重点由土壤侵蚀扩大到水质改善、野生动物保护等多方面，具体见表 5-1。环境效益指数的修订使美国农业土地休耕计划更为科学，有效强化了休耕带来的环境效益。

表 5-1　环境效益指数评价体系

因素	内容	最高分值
环境因素	野生动物保护	100 分
	水质改善	100 分
	减少风力或水侵蚀	100 分
	保护措施的长期效益	50 分
	空气质量	25 分
	优先保护区	25 分
成本因素	签订合同的成本	200 分

此外，环境效益指数的实施有效降低了美国政府实施农业土地休耕计划的相对成本。20 世纪 80 年代，在美国农业部对环境效益指数未进行完善之前，几乎所有申报价格、申报流程合格的申请者都被纳入此计划。这导致美国政府既要支付相对较高的成本，且未能稳定获得期望的环境效益。而在 20 世纪 90 年代，美国政府采用了修订后的环境效益指数，单位土地的相对成本明显下降。

美国农业土地休耕计划登记分为一般登记和连续登记。这两种登记方式互相补充，各有其特点和优势。

一般登记是美国农业部农场服务局根据环境效益指数对土地进行排名，以确定土地的环境效益。一般登记具有竞争性。在开放登记期间，由申请者提出一般登记申请，农场服务局收集其环境效益指数的各指标数据，并对所有程序合规的申请者进行排名，由美国农业部确定分值门槛，得分高于分值门槛的休耕申请予以通过。截至 2014 年 7 月，已有 1 970 万英亩土地通过一般登记的方式加入美国农业土地休耕计划，占该计划总量的 77%，包括 177 983 个农场的 262 417 份合同。

连续登记始于 1996 年的《联邦农业完善和改革法案》，旨在通过特定的保护措施，将最符合休耕标准的土地纳入美国农业土地休耕计划中。连续登记与一般登记的区别主要体现在三个方面。其一，连续登记没有时间限制，全年皆可登记。其二，连续登记的准入条件更为严格，除了需达到一般登记的各项要求外，登记的土地还需要处于农业管理部门划定的特殊区域，如浅水野生动物保护区、河岸缓冲区等，且配套实施农业部门规定的养护措施。其三，连续登记采用非竞争性方式，只要符合条件的申请，就会自动获得登记，且合同将在次月第一天生效。此外，连续登记由于所涉土地区域的特殊性，通常会附加额外的财政奖励。截至 2014 年 7 月，有 575 万英亩的土地通过连续登记方式加入美国农业土地休耕计划，占该计划总量的 23%。

（二）美国农业土地休耕计划的制度安排

1. 管理思路

美国农业土地休耕计划最初是由 1985 年的《食品安全法案》授权的，并由美国农业部负责管理。该计划旨在向农业生产者提供资金支持，以停止在侵蚀严重和环境敏感的土地进行农业生产，并实施 10～15 年的资源保护措施。

"签订休耕合同"是美国农业土地休耕计划主要的实现方式。在合同期限内，农业生产者放弃土地的经营，并由美国农业部依据土地休耕带来的环境效益，向农业生产者支付休耕报酬。在实施初期，合同的执行较为严格，农业生产者需严格实施既定休耕方案。但随着农产品市场需求的扩大，合同的执行标准得到了一定程度的放宽。2012 年，美国中西部地区遭受了长时间的干旱和洪涝灾害，使人们开始关注休耕土地农业产出的问题。为了应对这一挑战，美国农业部开始允许在休耕土地上开展适度的耕作活动，但必须扣除 10％～25％的补偿金，以抵消农业生产对环境效益可能产生的影响。而在 2014 年的农业法案中，其得到了进一步的调整，如果耕作行为不会造成土壤侵蚀和水资源质量的下降，则不再扣除补偿金。

此外，美国政府还特别关注生态环境脆弱的区域。对于生态环境脆弱且敏感的区域，政府给予高额补贴，农民只需自愿申请即可获得批准。而在生态环境自我修复能力好的区域，休耕则充分采用了竞争机制。

2. 管理部门

美国农业土地休耕计划是美国农业部管理的最大的保护项目之一，也是当前世界上最成功的土地休耕方案之一。该计划由美国农业部下属的农场服务局负责管理，由自然资源保护服务局和美国农业部的其他相关机构提供技术支持。

美国农业部的经济研究局、美国商品信贷公司也是美国农业土地休耕计划的重要支撑机构。经济研究局主要承担研究工作，包括环境效益指数的制定与完善、美国农业土地休耕计划效果的评估，以及为计划实施策略提供支持。而美国商品信贷公司则是政策资金发放的执行部门，采取"一竿子插到底"的方式向农民直接发放资金。

除美国农业部外，美国国会也是美国农业土地休耕计划的重要参与者。该计划由美国国会授权，众议院和参议院的相关专门委员会及其小组委员会负责法案的制定和监督。农场服务局和自然资源保护服务局负责美国农业土地休耕计划的具体实施，并与众议院和参议院的代表密切合作，协同推进美国农业土地休耕计划。

此外，作为一项长期性、常规性的工作，美国农业土地休耕计划还得到了中介组织、第三方评估机构的支持。例如，美国政府会计准则委员会等第三方评估机构会对项目实施情况、政府绩效进行评估，以强化监督，提高项目实施效果。

四、 美国农业土地休耕计划带来的效益与实施阻力

（一）美国农业土地休耕计划带来的效益

1. 环境效益

农业生产面临的主要环境问题包括土壤侵蚀以及地表和地下水质量下降。土壤侵蚀使美国每年损失 50 亿～180 亿美元。其中，农业生产活动造成的土壤侵蚀占比 50％以上，美国农业土地休耕计划则旨在解决这一问题。该计划的实施产生了良好的环境效益。截至 1997 年 1 月，休耕土地的年侵蚀量总计减少了 6.26 亿吨，相当于每年 19 吨。

在具体环境效益上，该计划主要体现在以下几个方面：①修复土壤，使遭受严重侵蚀的土地恢复正常功能；②退耕还湿，促进生态系统逐步改善；③增强农田的抗风险能力，降低其受严重洪涝灾害的风险；④为野生动物提供栖息地，尤其是对于需要大片连续空间的物种；⑤使对环境敏感的土地退出农业生产，改种林木，提高森林覆盖率；⑥改善水资源状况，包括缓解水位下降与减轻水体污染。

2. 申请者的效益

作为美国农业土地休耕计划的参与主体，申请者只有在获得休耕计划资格后，才能获得美国政府的休耕报酬。在拨款上，美国农业部依据授权法规定的农业土地休耕计划的最大面积，来设定最高支付金额，并结合各州实际情况，确定各休耕土地的具体支付金额，通过美国商品信贷公司拨付。

申请者在加入美国农业土地休耕计划时，可以选择采用何种保护措施。具体保护措施包括建立永久性草场、覆盖植被（草和豆科植物）、创建永久性野生动物栖息地等。作为加入该计划的交换条件，申请者可从美国农业部获得报酬和建设补偿。

美国农业土地休耕计划的联邦年度平均成本接近 20 亿美元。平均每英亩的报酬为 63.65 美元，但各州差别很大，例如，马萨诸塞州平均每英亩的报酬最高，为 207.20 美元，但该州的注册面积较少；注册面积最多的州是得克萨斯州，达 320 万英亩，平均每英亩的报酬为 36.78 美元。

（二）美国农业土地休耕计划的实施阻力

1. 美国农业土地休耕计划受政策因素与市场因素的双重影响

美国农业土地休耕计划的实施也存在一定的阻力。尽管该计划通过激励方式引导农业生产者参与休耕，但并不是总能实现环境效益和经济效益的双赢。农户参与美国农业土地休耕计划既受到政策因素的影响，又受到市场因素的影响。当农产品价格，尤其是大宗农产品价格较高时，农户参与休耕的意愿往往会较低。此外，美国农业政策的主要目标是稳定大宗农产品的价格和提高农户收入，而环境目标则是次要的。

2. 美国农业土地休耕计划冲击农业关联产业

美国农业土地休耕计划导致农业服务业以及农业机械和农产品加工等行业受到冲击。该计划会减少对农业投入品和农田营销服务的需求。除非在其他地方增加相同的种植规模，否则随着土地退出农业生产，种子、化肥、杀虫剂、除草剂、农业机械和劳动力等农业投入品的购买量会减少。此外，谷物升降机，包装、加工设施，以及相关运输和营销服务的需求也会受到影响。

与其他农田退耕计划一样，美国农业土地休耕计划只是补偿了申请者因土地闲置而产生的损失。对于因休耕导致市场缩减，以致收益受损的相关企业而言，并无补偿。因此，随着农业土地休耕计划的推进，对相关企业发展的抑制作用逐渐增强，其进一步反映在地区经济受到冲击上，尤其是对以农业为主要支撑的非都市县而言。对此，美国政府应依据各县的实际情况，因地制宜地设置土地休耕比例，以缓解对县域经济的冲击。

参考文献

陈大夫，孙宗耀，2001. 美国的农业生产与资源、生态环境保护 [J]. 生态经济（9）：60 - 63.

陈立丰，李水山，1997. 美国土地、水资源的利用与保护 [J]. 世界农业（1）：22 - 24.

田耀，孙倩倩，2014. 美国土地政策演变及对资源保护的启示 [J]. 国土资源科技管理（2）：107 - 112.

魏景明，2002. 美国的土地管理与利用 [J]. 中国土地（11）：43 - 44.

吴天马，1996. 美国土地资源利用和保护的历史回顾 [J]. 中国农史（2）：69 - 76.

颜学毛，2013. 美国土地利用管理及借鉴 [J]. 中国土地（6）：60-62.

翟欢，2020. 美国农业土地休耕登记机制及对中国的启示 [J]. 世界农业（4）：51-59＋142.

钟媛，张晓宁，2018. 休耕政策存在的问题及对策 [J]. 农业经济问题（9）：76-84.

朱国锋，李秀成，石耀荣，等，2018. 国内外耕地轮作休耕的实践比较及政策启示 [J]. 中国农业资源与区划（6）：35-41＋92.

朱文清，2010. 美国休耕保护项目问题研究（续二）[J]. 林业经济（2）：122-128.

Baylis K，Peplow S，Rausser G，et al，2008. Agri-environmental Policies in the EU and United States：A Comparison [J]. Ecological Economics，65（4）：753-764.

Hamdar B，1999. An Efficiency Approach to Managing Mississippi's Marginal Land Based on the Conservation Reserve Program（CRP）[J]. Resources，Conservation and Recycling，26（1）：15-24.

Hansen，L，2007. Conservation Reserve Program：Environmental Benefits Update [J]. Agricultural and Resource Economics Review，36（2）：267-280.

Hellerstein，D M，2017. The US Conservation Reserve Program：the Evolution of an Enrollment Mechanism [J]. Land Use Policy，63：601-610.

Lambert D M，Sullivan P，Claassen R，et al，2007. Profiles of US Farm Households Adopting conservation-compatible practices [J]. Land Use Policy，24（1）：72-88.

Mcgranahan D A，Brown P W，Schulte L A，et al，2015. Associating Conservation/Production Patterns in US Farm Policy with Agricultural land-use in Three Iowa，USA Townships，1933-2002 [J]. Land Use Policy，45：76-85.

Megan Stubb，杨恺，2017. 美国 2014 年农业法案对美国农业土地休耕保护储备计划的影响 [J]. 世界农业（2）：162-163＋195.

O'Connell J L，Johnson L A，Smith L M，et al，2012. Influence of Land-use and Conservation Programs on Wetland Plant Communities of the Semiarid United States Great Plains [J]. Biological Conservation，146（1）：108-115.

Reichelderfer K，Boggess W G，1988. Government Decision Making and Program Performance：the case of the Conservation Reserve Program [J]. American Journal of Agricultural Economics，70（1）：1-11.

Ribaudo M O，Hoag D L，Smith M E，et al，2001. Environmental Indices and the Politics of the conservation Reserve Program [J]. Ecological Indicators，1（1）：11-20.

Smith R B W，1995. The Conservation Reserve Program as a Least-cost Land Retirement Mechanism [J]. American Journal of Agricultural Economics，77（1）：93-105.

Wu J J，2000. Slippage Effects of the Conservation Reserve Program [J]. American Journal of Agricultural Economics，82（4）：979-992.

第六章

美国农业贸易政策

一、 美国农产品贸易动态及贸易政策的变化

1. 美国农产品贸易动态

21 世纪以来，农业全球化得到了深度发展。根据世界贸易组织统计，2000—2020 年，全球农产品贸易出口额从 5 500 亿美元增加到 18 031 亿美元。美国在农产品国际贸易中扮演着重要的角色，其进出口贸易总额常年位于全球首位。2020 年，美国农产品进出口贸易总额达 3 566 亿美元，占全球农产品贸易额的 9.8%。其中，农产品出口总额 1 705 亿美元，位居世界第一，美国农产品出口额占美国农业总产值的 20% 左右，占美国全部产品出口总值的 9%；农产品进口总额为 1 861 亿美元，位居世界第二，仅次于中国（表 6-1）。

表 6-1　美国农产品贸易总体情况（2010—2020 年）

年份	农产品（亿美元）			占比（%）			排名		
	总额	出口	进口	总额	出口	进口	总额	出口	进口
2010	2 591	1 426	1 165	9.4	10.4	8.3	1	1	1
2011	3 055	1 683	1 372	9.1	10.1	8.1	1	1	2
2012	3 140	1 721	1 419	9.5	10.4	8.5	1	1	2
2013	3 222	1 757	1 465	9.0	10.1	7.9	1	1	2
2014	3 391	1 822	1 569	9.3	10.3	8.4	1	1	2
2015	3 175	1 608	1 567	10.1	10.3	9.9	1	1	2
2016	3 225	1 634	1 591	10.1	10.2	9.9	1	1	1
2017	3 382	1 685	1 697	10	10	10	1	1	1
2018	3 512	1 714	1 798	9.6	9.5	9.7	1	1	1
2019	3 459	1 648	1 811	9.6	9.3	9.9	—	1	2
2020	3 566	1 705	1 861	9.8	9.5	10.0	—	1	2

资料来源：世界贸易组织。

在美国农产品的出口结构中，油料和谷物等大宗农产品（Bulk Commodities）占农产品出口总产值的 1/3 左右；而高价值农产品（High-Value Agricultural Products），如肉、乳制品、水果、蔬菜、坚果及加工包装食品等，占美国农产品出口总产值的 70% 左右。美国的一些重要农产品，如大豆、棉花和小麦等，高度依赖国际市场，50% 以上的大豆、棉花和小麦出口海外市

场。具体来看，美国的玉米、高粱和棉花出口量位居世界第一，分别占全球总出口量的 26％、81％和 38％；大豆的出口量位居世界第二，占全球总出口量的 33％；小麦的出口量位居世界第三，占全球总出口量的 15％；鸡肉和猪肉的出口量位居世界第二，分别占全球总出口量的 28％和 31％；牛肉的出口量位居世界第三，占全球总出口量的 12％（表 6－2）。

表 6－2　主要贸易出口品种（2015—2020 年）

品种	2000/01（万吨）	2010/11（万吨）	2018/19（万吨）	2019/20（万吨）	2020/21（万吨）	占比（％）	排名
大豆	2 710	4 080	4 772	4 570	6 166	33	2
玉米	4 931	4 651	5 254	4 513	6 992	26	1
小麦	2 890	3 515	2 550	2 637	2 699	15	3
棉花	147	262	323	338	357	38	1
高粱	601	385	233	516	721	81	1
鸡肉	233	310	324	326	337	28	2
猪肉	58	192	266	286	330	31	2
牛肉	112	104	143	137	134	12	3

注：占比和排名根据可获得的最新一年数据计算；猪肉、牛肉为胴体当量。

美国加利福尼亚州、艾奥瓦州、伊利诺伊州、明尼苏达州、得克萨斯州、堪萨斯州、密苏里州、北达科他州等农产品出口额占到全美农业出口总值的 60％以上。

美国农产品主要出口加拿大、墨西哥、中国、欧盟和日本，这些国家和地区的出口额占到美国农产品出口额的 60％以上。加拿大、欧盟和日本作为发达经济体，其经济增速和人口增长率较低，虽然进口总量大，但农产品进口需求的增长潜力偏弱，农产品进口增速也较低。相比之下，墨西哥等发展中国家对美国农产品出口的重要性日益提升。对发展中国家和发达国家进行分类比较，2015—2019 年，美国对发展中国家的农产品出口从 670 亿美元增长到 760 亿美元，而对发达国家的农产品出口停滞在 460 亿美元的水平。2015—2019 年，美国对加勒比地区、南亚地区、北非、撒哈拉以南非洲和东南亚国家的农产品出口分别增长了 33％、80％、71％、64％和 13％。同期，因为中美贸易摩擦的影响，美国对中国农产品出口额从 200 亿美元下降到 140 亿美元。

2. 美国农产品贸易政策变化

促进海外市场开发和农产品出口，对提高美国农民收入、推动美国农村区域经济发展、改善美国贸易赤字具有重要意义。21世纪以来，美国十分重视国际多边合作机制，扩大农产品出口。美国积极参与并主导世界贸易组织规则的制定。在1986年启动、1993年结束的乌拉圭回合谈判中，农业条款成了《关税及贸易总协定》的重要组成部分。1995年，《关税及贸易总协定》被世界贸易组织所替代。乌拉圭回合谈判涵盖了农业领域的四方面内容：一是减少出口补贴；二是通过降低关税和消除非关税壁垒扩大市场准入；三是减少美国国内农业支持；四是出台卫生和植物检疫法规。在乌拉圭回合谈判后，全球农业政策逐渐向市场化方向转变，关税、出口补贴和贸易扭曲等措施逐渐消失，其国内农业综合性支持不断削弱。以欧盟为例，截至2014年，欧盟对农业支持的68%均为脱钩补贴，比2000年增加了33%。这极大地促进了国际贸易关系向自由、公平和多边的方向发展，推动了农产品贸易的自由化。在此过程中，美国享受了农产品快速出口带来的益处。

但近年来，美国的贸易战略有所调整，侧重双边或多边合作，进一步拓展海外市场，全球农产品贸易格局也因此受到重要影响。2018年，时任美国总统的特朗普提出了"美国优先"贸易政策，强调将贸易赤字作为不公平贸易的指标，认为不公平的贸易对美国的产业和就业造成长期伤害。为了减少贸易赤字，美国一方面主动发起贸易战，对其他国家或地区的相关产业进行制裁。2018年，美国依据《301法案》对中国产品实施制裁，依据《232法案》对钢铁和铝产品的主要进口国进行制裁。另一方面，美国加快退出其认为不公平的贸易协定，并与贸易伙伴国重新谈判双边或多边协定。在"美国优先"贸易政策主导下，区域自贸协定（Free Trade Agreement，FTA）快速发展，成为促进美国农产品出口的重要支撑。

以时间为线索，2017年1月，美国从《跨太平洋伙伴关系协定》（Trans-Pacific Partnership Agreement，TPP）中退出。2018年11月，在美国的倡议和推动下，美国、墨西哥、加拿大三国领导人签署了《美墨加协定》（United States-Mexico-Canada Agreement，USMCA），替代了原《北美自由贸易协定》（North American Free Trade Agreement，NAFTA），新协定于2020年7月1日正式生效。加拿大和墨西哥一直是美国重要的农产品出口市场，2016—2018年美国对加拿大和墨西哥农产品的出口额分别为200亿美元和180亿美元，分别占美国农产品出口总额的 14％和 13％。在《美墨加协定》框架下，美国和加拿大之间的农产品贸易壁垒进一步缩小，美国的乳制品及大部分禽类农产品的市场准入门槛进一步降低。2019 年 10 月，美国和日本签署了《第一阶段美日贸易协定》（"Stage-one" U. S. -Japan Trade Agreement，US JTA），该协定于 2020 年 1 月正式生效。在此协定框架下，日本对美国提供了和《全面与进步跨太平洋伙伴关系协定》（Comprehensive Progressive Agreement for Trans-Pacific Partnership，CPTPP）同样的市场准入政策，降低了肉类等产品的市场准入门槛，进一步强化了美国农产品的成本优势。2020 年 1 月，中美签署《中美第一阶段经贸协议》。该协议中，农业部分占比最大，约定 2 年时间内中国在 2017 年基准值的基础上增加采购 320 亿美元的农产品，并减少技术性贸易壁垒，这对促进中美农产品贸易合作有巨大作用。同时，美国与欧盟开展了双边贸易谈判。欧盟是美国第五大农产品出口市场，其出口值占美国农产品出口总值的 8％，仅次于加拿大、墨西哥、中国和日本。欧盟也是美国农产品进口的主要来源地。2019 年美国从欧盟进口 297 亿美元，向欧盟出口 124 亿美元，贸易赤字 173 亿美元。根据美国官方统计，美国农产品进口的平均关税税率为 12％，远远低于欧盟农产品进口的 30％的平均关税税率。因此，美国希望获得更多市场准入。但欧盟拒绝将农产品纳入关税减让的产品类别，这使得贸易谈判难度加大。此外，美国还与英国、印度、肯尼亚等国家加快了双边贸易谈判，不断拓宽国际市场。

美国农业在其整体贸易政策转变中经历着阵痛。在美国为改善贸易赤字、退出原有经贸协定、实施贸易保护的过程中，美国农业作为传统的贸易盈余部门往往成为其他国家或地区的反制目标。美国政府不得不对其国内农业部门实施贸易补偿。美国国会立法部门及总统所领导的行政系统——美国贸易代表办公室是总统办事机构的重要组成部分，也是美国政府贸易谈判机构的核心，负责制定和执行美国对外贸易政策。随着贸易问题在美国经济事务中的地位不断提升，美国贸易代表办公室在贸易政策制定中的影响力也逐渐提高。在美国贸易代表办公室对外发起贸易战的同时，美国国会不断补偿受到贸易反制的农业部门。因此，本部分的分析既包括美国对外贸易政策分析，又包括美国对内贸易补偿政策的分析。其中，对外贸易政策分析部分仅以中美农产品贸易为例，以映射美国贸易政策的转变，并不展开对所有贸易伙伴国的贸易政策分析。

二、 中美农产品贸易： 摩擦与合作

中美农业贸易领域互补性强，中国是美国农产品的重要出口市场，从美进口优质农产品有利于稳定国内消费品价格，满足人民美好生活需要。21世纪以来，中美农业合作日益深化，中国进口美国农产品总额快速增长。但因受中美关系的影响，中美农业合作波澜不断。在时任总统特朗普执政期间，美国大搞单边主义、保护主义，采取一系列贸易保护主义措施，挑起中美经贸摩擦，中美农业贸易额大幅下降，2018年和2019年中国对美国农产品的进口额下降至162亿美元和141亿美元的低谷。2020年1月，中美签署《中美第一阶段经贸协议》，2020年中国从美国进口的农产品金额快速恢复至237亿美元，2021年更是达到390亿美元的历史高峰（图6-1）。本部分将中美农产品贸易合作分为贸易摩擦期间、贸易摩擦之前及中美签署第一阶段经贸协定之后三个阶段，并分析了中美农产品贸易合作的变化。

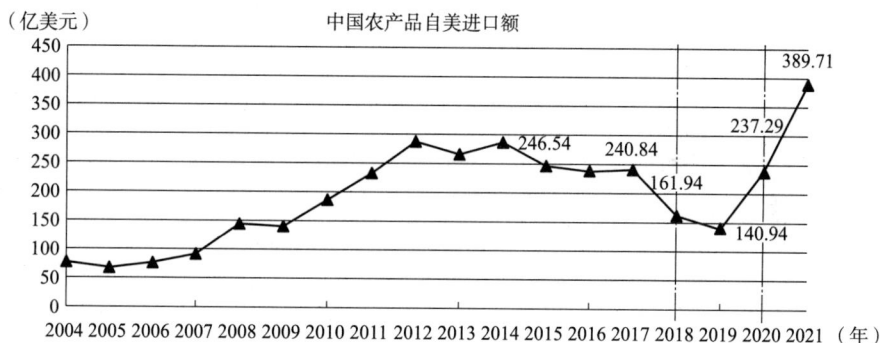

图6-1 中国农产品自美进口额

数据来源：中国商务部。

（一）中美贸易摩擦之前的农产品贸易

21世纪以来，中国从美国进口农产品的种类和数量不断增长，中美农产品贸易额在2012年和2014年达到顶峰，进口额达到288亿美元。中国主要从美国进口大豆、肉类、乳制品、水海产品、谷物、棉花、苜蓿草、水果、坚果等产品。

1. 大豆

美国是大豆的主要出口国，其大豆产量的 50％ 以上均出口海外。中国是全球最大的大豆进口国，在全球大豆需求中占绝对主导地位。2017 年，中国进口大豆总量 9 552 万吨，进口额 396 亿美元，创历史新高。其中，从巴西进口 5 093 万吨，进口额 209 亿美元；从美国进口 3 285 万吨，进口额 139 亿美元。

2. 主要谷物

谷物方面，中国按照加入世界贸易组织的承诺，对小麦（964 万吨）、玉米（720 万吨）、大米（532 万吨）实行进口配额管理。

（1）小麦。中国小麦供需基本平衡，进口优质小麦用于品种调剂，配额内年进口量 300 万～550 万吨，主要进口国为加拿大、美国、澳大利亚和法国。2013 年，中国从美国进口小麦 378.2 万吨，进口额 12.5 亿美元，占比 68％。而 2017 年，中国从美国进口小麦 155 万吨，进口额 4 亿美元，占比 35％（表 6-3）。

（2）玉米。中国玉米供需逐步趋紧，配额内主要从美国、乌克兰进口。2013 年，中国从美国进口玉米 288 万吨，进口额 8.2 亿美元，占比 91％；而 2017 年从美国进口玉米 76 万吨，进口额 1.6 亿美元，占比 27％（表 6-3）。

（3）大米。中国大米供需较为宽松，受国内外差价驱动，配额内主要从泰国、越南等东南亚国家进口，基本不从美国进口。进口稻谷主要用于满足人们个性化、多样化需求。美国大米年出口量 300 万吨，主要出口至墨西哥、海地、日本、加拿大等。

表 6-3　2013—2018 年中国小麦和玉米的进口情况

年份	小麦					玉米				
	自美进口		总进口		占比（％）	自美进口		总进口		占比（％）
	数量（万吨）	金额（亿美元）	数量（万吨）	金额（亿美元）		数量（万吨）	金额（亿美元）	数量（万吨）	金额（亿美元）	
2018	36.1	1.13	309.9	8.56	11.7	31.1	0.69	349.9	7.83	8.9
2017	154.9	3.89	442.2	10.8	35.0	75.6	1.59	281.1	6	26.9
2016	85.2	2.05	341.2	8.11	25.0	22.1	0.56	313.1	6.32	7.1
2015	60.0	1.84	300.7	8.99	20.0	46.3	1.22	458.6	10.72	10.1
2014	83.1	2.73	300.4	9.46	27.6	99.6	2.85	249.3	7	40.0
2013	378.2	12.5	553.5	18.54	68.3	287.9	8.23	317.6	9.12	90.6

数据来源：中国商务部。

（4）高粱。美国高粱在中国全年进口中占绝对规模，且没有配额限制。自2014年起，受中国国内玉米临储政策影响，玉米托市收购价不断提高，饲料企业为降低成本转而以高粱替代玉米[1]，高粱替代需求快速增加，中国自此开始从美国大量进口高粱，进口高粱峰值为2015年的1 070万吨。2017年和2018年中国进口高粱总量分别为506万吨和365万吨，其中从美国进口高粱占比分别为94%和88%。

（5）干玉米酒糟。干玉米酒糟是玉米深加工行业生产过程中重要的副产品之一。长期以来，中国为保证国内行业竞争力，对原产于美国的进口干玉米酒糟征收反倾销税和反补贴税。美国干玉米酒糟质优价廉[2]，每年出口量为1 200万～1 400万吨。2013年起，中国开始自美国进口大量干玉米酒糟。2015年，中国进口美国干玉米酒糟达到682万吨。自2017年开始，中国对美国干玉米酒糟征收反倾销税及反补贴税，导致中国自美国进口干玉米酒糟的数量大幅减少。2017年和2018年，中国干玉米酒糟进口量分别为39万吨和14.7万吨，2019年为14.1万吨。尽管美国谷物协会曾向我国商务部请求终止征收反倾销税和反补贴税，但商务部裁定有必要继续征收。

3. 肉类产品

中国进口的肉类产品主要有猪肉、牛肉和禽肉。

（1）猪肉。2016年，中国进口猪肉及制品297万吨，进口额57亿美元，创历史高点。其中，从美国进口66万吨，进口额13亿美元，占比24%，为第一大进口来源国。2017年，中国进口猪肉及制品小幅下降至245万吨，进口额43亿美元。其中，美国仍为最大进口国，进口量58万吨，进口额12亿美元。

（2）牛肉。2003年，美国出现首例牛海绵状脑病疑似病例后，中国禁止从美国进口牛肉。2017年，中美双方就经济合作"百日计划"达成共识后，美国牛肉才时隔14年重返中国市场。然而，受可追溯体系要求限制，美国只能将无

---

[1]　由于高粱的营养成分与家禽饲料配方中的其他蛋白质来源亦是互补的，营养成分与玉米相近，一般估计为玉米的95%，因此与玉米的价差在5%以上时可以使用，即高粱与玉米的比价低于0.95时，便可以替代。

[2]　据统计，2021年11月，美国干玉米酒糟到中国港口完税价格3 700元/吨，若取消反补贴、反倾销政策，到港完税价格降至2 400元/吨，比国内同质量产品价格低400元/吨，成本优势明显，而且美国干玉米酒糟毒素低、色泽好，有质量优势，在饲料中添加比例比国产干玉米酒糟高。

激素养殖的牛肉制成品出口到中国。并且，美国牛肉在价格方面与南美、澳洲牛肉相比竞争优势不明显，2017年、2018年进口量仅有几千吨，进口额不足1亿美元。美国牛肉年出口量100多万吨，主要出口韩国、日本、中国香港和台湾等地。

（3）禽肉。2014—2018年，中国每年进口禽肉量为40万～60万吨，进口额为9亿～13亿美元，主要从巴西、美国、阿根廷、智利等进口。2014年，中国从美国进口禽肉20万吨，进口量占比44%，进口额2.2亿美元。2013年和2014年，美国部分地区发生禽流感疫情，我国开始禁止从美国进口禽类及相关产品。

4. 棉花

我国对棉花进口实行配额管理，配额量为89.4万吨，配额内进口关税税率为1%，配额外进口则执行滑准税和一般进口税两种模式，其中滑准税税率为5%～40%，根据国内棉价进行调整，避免棉花大量进口对国内市场造成冲击；一般进口税税率为40%。中国棉花供需偏紧，年缺口量约为300万吨，需要从美国、非洲、印度、巴西等进口。美国是我国主要的进口来源国之一，其棉花产量为400万吨左右，居全球第三；出口量为350万吨左右。2013年，中国从美国进口棉花超过100万吨，进口额24亿美元。而2017年，从美国进口棉花51万吨，进口额10亿美元，占当年我国进口棉花总量的44%，占2017年进口美国农产品总额的4%。

5. 乳品

与新西兰、澳大利亚和欧盟等主要乳品进口来源地相比，我国从美国进口的乳品并不多，我国主要从美国进口乳清粉等。其中，2014年进口额6亿美元，为近几年高点。而2017年，自美进口乳品金额4.4亿美元，仅占我国乳品进口总额（93亿美元）的4.7%。

6. 水海产品

2014—2018年，中国进口水海产品不断增长，2018年进口额达到116亿美元，较2014年增长76%，年均复合增长率为15%。中国水海产品的前三大进口来源国为俄罗斯、美国和加拿大。2017年，中国自美国进口水海产品13亿美元，占比16%。

7. 其他农产品

除了上述主要农产品外，中国还从美国进口了大量的苜蓿草、水果和坚果等产品，且进口空间较大。

（1）苜蓿草。美国年出口苜蓿草约 500 万吨，主要出口到日本、中国、韩国、中东等地区。中国每年进口苜蓿草近 200 万吨，主要从美国进口。2017 年，中国从美国进口 130 万吨苜蓿草，进口额 4 亿美元。

（2）水果和坚果。2018 年，中国进口水果和坚果的金额达 87 亿美元，较 2014 年增长 40%，年均复合增长率为 14%，这些水果和坚果主要来自泰国、智利、越南、美国、菲律宾等地。2018 年，中国自美国的水果和坚果进口额达 8 亿美元，年均增长率为 19%。

除了上述主要农产品之外，2017 年中国还从美国进口了其他农产品，其进口额约 34 亿美元，占当年农产品进口总额的 14%。

（二）中美贸易摩擦

2018 年，时任美国总统的特朗普推行了"美国优先"的发展战略，通过加征关税、高筑贸易壁垒等方式试图解决其社会矛盾，并在世界范围内引起贸易摩擦。同年，美国依据《301 法案》对中国产品实施制裁。同时，依据《232 法案》对钢铁和铝产品的主要进口国进行制裁，这导致中国、加拿大、欧盟、印度、墨西哥、印度等国家和地区对美国的农产品进行反制。

以中国的反制措施为例，中国对美国输华的 97% 的农产品实施了报复性关税，几乎实现了全覆盖，单次征收税率为 5%～25%。其中，对大豆和猪肉等主要农产品都征收了单次 25% 的关税。2018 年 7 月和 2019 年 9 月，中国分两次对美国大豆共加征了 30% 的关税；2018 年 4 月、7 月和 2019 年 9 月，中国分三次对美国猪肉共加征了 60% 的关税（表 6-4）。相比较而言，其他国家或地区对美国农产品进行反制的范围较小，其中加拿大对自美进口农产品的 15% 进行了反制，墨西哥、欧盟、土耳其和印度的反制比例分别为 14%、7%、18% 和 43%。

表 6-4　中国自美进口主要农产品加征关税一览表

单位：%

品种	原有税率	加征 1 次（2018 年 4 月 2 日）	加征 2 次（2018 年 7 月 6 日）	加征 3 次（2018 年 8 月 23 日）	加征 4 次（2019 年 6 月 1 日）	加征 5 次（2019 年 9 月 1 日）	关税排除（2019 年 9 月 17 日—2020 年 9 月 16 日）
大豆	3	—	25	—	—	5	—

（续）

品种	原有税率	加征 1 次：（2018 年 4 月 2 日）	加征 2 次：（2018 年 7 月 6 日）	加征 3 次：（2018 年 8 月 23 日）	加征 4 次：（2019 年 6 月 1 日）	加征 5 次：（2019 年 9 月 1 日）	关税排除：（2019 年 9 月 17 日—2020 年 9 月 16 日）
豆油	9	—	—	—	25	—	—
玉米	1	—	25	—	—	—	—
小麦	1	—	25	—	—	—	—
大米	1	—	25	—	—	—	—
大麦	3	—		—	—	10	—
高粱	2	—	25	—	—	—	—
干玉米酒糟	5＋约 61 双反税	—	25	—	—	—	—
棉花	1	—	25	—	—	—	—
猪肉	8	25	25	—	—	10	—
牛肉	12	—	25	—	—	10	—
鸡肉	20	—	25	—	—	10	—
乳清	2	—	25	—	—		－25
苜蓿草	4	—	25	—	—		－25
鱼粉	2	—	—	25	—		－25

注：①2019 年 9 月中旬起，中国支持相关企业按照市场化原则和世界贸易组织规则，从美国采购一定数量大豆、猪肉等农产品，国务院关税税则委员会对上述采购予以加征关税排除，所以实际进口加征关税可能低于上述理论水平。②玉米、小麦、大米、棉花为配额内关税税率；棉花只统计未输出的。③干玉米酒糟：2017 年 1 月 12 日中国对进口美国干玉米酒糟终裁反倾销税率为 42.2％～53.7％，终裁反补贴税率为 11.2％～12％。实施期限自 2017 年 1 月 12 日起 5 年。④猪肉：原关税税率 12％，2020 年暂定 8％。⑤乳清：原关税税率 6％，2020 年暂定 2％。⑥苜蓿草：原关税税率 9％，2020 年暂定 4％。

  贸易国的反制措施给高度依赖出口市场的美国农业带来了较大冲击。据美国农业部统计，2018 年和 2019 年，受贸易伙伴国报复性关税的影响，美国农业出口直接损失了 270 亿美元。其中，因中美贸易摩擦带来的损失最高，占比高达 95％（257 亿美元），其次为欧盟（6 亿美元）和墨西哥（5 亿美元）。截至 2021 年底，依然有很多国家和地区对美国实施的报复性关税保持有效。加拿大和墨西哥的报复性关税在 2019 年 5 月被取消，中国和美国在 2020 年 1 月 15 日签订了

《中美第一阶段经贸协议》；2021年10月，美国和欧盟就全球钢铁和铝过剩产能达成一致，包括以关税配额取代《232法案》关税，并取消了欧盟的报复性关税。

在中美贸易摩擦期间，粮食的价格大幅波动，这加剧了我国合理利用国际粮食市场的风险（图6-2）。2018年，中国从美国进口的农产品数量明显下降，为162亿美元，同比下降了33%，大豆、猪肉等产品的进口量下降明显。以大豆为例，2018—2019年，为应对美国单方面挑起的中美贸易摩擦，中国被迫对美国大豆分两次共加征30%的关税，导致自美大豆进口大幅减少。2018和2019年，美国大豆在中国市场份额分别降至20%和18%。全球大豆贸易流向发生了重要变化，巴西大豆主要供应中国市场，2018年和2019年，中国从巴西进口大豆数量分别为6 608万吨和5 717万吨；而美国大豆转向开发欧洲、北非和阿根廷等市场。

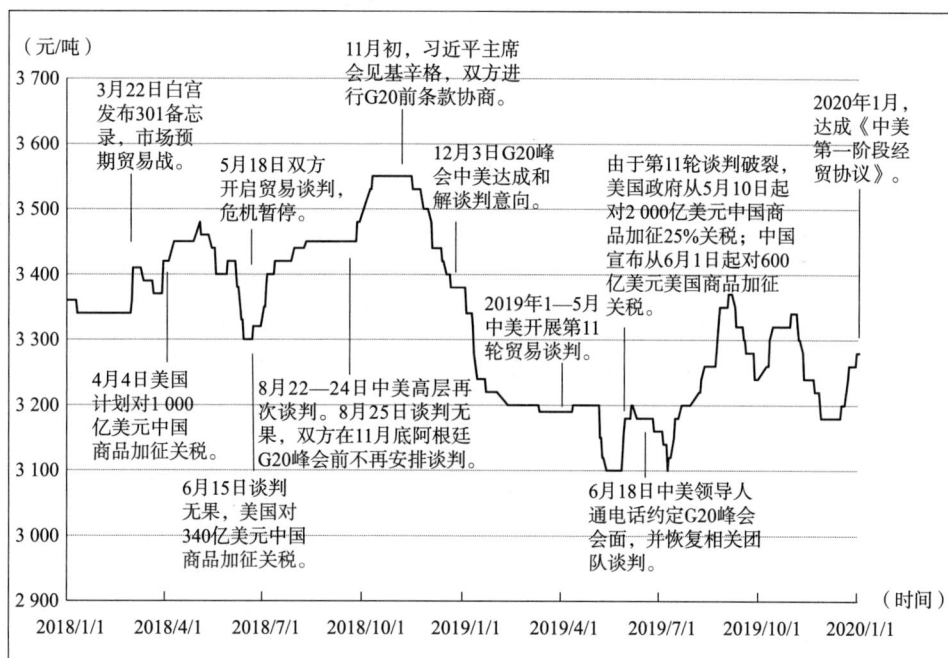

图6-2 中美贸易摩擦期间大宗农产品（大豆）价格波动加剧
数据来源：中国国家粮油信息中心，大豆价格为进口大豆天津港交货价格。

（三） 《中美第一阶段经贸协议》概述

2020 年 1 月 15 日，中美双方签署了《中美第一阶段经贸协议》（以下简称《协议》），发布了内容一致的协议文本，避免中美贸易摩擦再次升级，其标志着中美双方朝着解决问题的方向迈出了重要一步。在《协议》中，农业部分占比最大。食品和农产品贸易在协议中设立了专门章节，涉及农业合作，乳品、婴幼儿配方乳粉，禽肉，牛肉，活种牛，猪肉，肉类、禽肉和加工肉类，肉类和禽肉电子信息系统，水产品，大米，植物卫生，饲料，宠物食品和非反刍动物源动物饲料，关税配额，农业生物技术和食品安全等方面。

根据《协议》内容，双方将进一步加强农业合作，拓展各自的食品和农产品市场，促进双方食品和农产品贸易增长。在 2017 年基数之上，中国承诺 2020 年自美采购和进口农产品规模不少于 125 亿美元，2021 年自美采购和进口规模不少于 195 亿美元。根据中国商务部统计数据，2017 年中国自美进口农产品 241 亿美元，居于 2008 年以来的中等偏上水平。按照此基数，2020 年中国至少要从美国进口 366 亿美元的农产品，2021 年至少进口 436 亿美元的农产品。按照《协议》及中方统计的 2017 年基数，2020 年和 2021 年中国自美进口农产品至少需要实现 52％和 81％的增长。《协议》中还提道：双方预测，2022—2025 年，中国自美采购和进口制成品、农产品、能源产品和服务将继续保持增长趋势。这意味着中美之间的扩大贸易将持续到 2025 年。时任美国农业部部长的珀杜（Perdue）在《协议》签署当日接受采访时表示，中美加强农产品贸易和农业合作是美国在中美贸易谈判中取得的重大胜利，中国扩大自美农产品的进口将给美国农民带来无穷财富（表 6 - 5）。随着《协议》的签署，中美农产品贸易合作快速恢复。

（1）大豆。2020 年，随着中美贸易摩擦逐步缓解，相关加征关税措施得以解除，中国自美大豆进口量快速回升至 2 589 万吨，占比提升至 26％左右。2021 年中国自美大豆进口量增长至 3 231 万吨，占比提升至 33.5％。

（2）主要谷物。①玉米。2020 年以来，随着中国玉米产需缺口显现，中国玉米及其替代品进口快速增长。其中，2020 年中国玉米进口量为 1 130 万吨，首次超出配额限制,自美玉米进口量迅速增长至434万吨,是2019年的14倍。2021年,中国进口玉米2 835万吨,创历史新高,其中自美进口玉米高达1 983万吨。②小麦。2021年,中国进口小麦977万吨,自美进口273万吨,美国是主要的优质小麦来源国。③高粱。2021年,玉米替代品——高粱进口量达到942万吨,接近2015年高粱进口峰值1 070万吨,这些高粱主要来自美国。

(3)肉类产品。2013年以来,我国肉类进口保持较快增长,特别是2018年非洲猪瘟发生以来,进口增速明显加快,2020年肉类进口量达到991万吨,均创历史新高。2020年,我国自美国肉类进口146.1万吨、31.3亿美元,其中自美国进口猪肉及制品94.4万吨、21.4亿美元,牛肉及制品3.0万吨、2.3亿美元,禽肉及制品42.3万吨、7.5亿美元。猪肉进口大幅增长,既有市场化因素,也有政策性采购的影响。此外,中美达成的《协议》也促进了美国牛肉和禽肉对中国的进口。

(4)棉花。2018年7月,我国被迫对美加征25%关税。受此影响,自美棉花进口量总体下行,2019年其进口量降至36万吨,占比仅为20%左右;2020年随着中美贸易摩擦缓解,自美棉花进口量大幅提升到98万吨、16亿美元,约占我国棉花进口总量的45%;2021年进口量下降至83万吨、16亿美元,占比39%。

表6-5　《中美第一阶段经贸协议》签署后中国农产品进口量变化

单位:万吨

品种	排序	2016	2017	2018	2019	2020	2021
大豆	美国	3 417	3 285	1 664	1 694	2 589	3 231
	中国进口总量	8 391	9 552	8 804	8 851	10 022	9 653
玉米	美国	22	76	31	32	434	1 983
	中国进口总量	317	283	352	479	1 130	2 835
高粱	美国	—	—	322	60	426	655
	中国进口总量	665	506	365	83	481	942
小麦	美国	86	156	36	24	165	273
	中国进口总量	337	430	288	351	838	977
棉花	美国	26	51	53	36	98	83
	中国进口总量	90	116	157	185	216	215
猪肉	美国	65.5	58.2	26.3	41.9	94.4	73.0
	中国进口总量	297	245	214	313	557	479.4

（续）

品种	排序	2016	2017	2018	2019	2020	2021
牛肉	美国	0.0	0.2	0.7	1.0	3.0	——
	中国进口总量	60	72	107	169	215	236
禽肉	美国	3.4	0.0	0.0	0.0	42.3	44.1
	中国进口总量	59	45	51	80	155	147

数据来源：中国海关。

2021 年 10 月初，美国贸易代表戴琪（Katherine Tai）发表了关于"中美贸易关系的新方针"讲话，概述了拜登政府的"中美贸易关系的新方针"，并表示希望中国能进一步减少对美国农产品的贸易壁垒，扩大美国农产品对中国出口。戴琪认为，虽然近年来他们看到对中国的出口有所增加，但市场份额正在缩小，对于美国农民和牧场主来说，农业仍是一个不确定性很强的行业，因为他们已经严重依赖中国市场，中国监管当局不能继续采取措施限制或威胁他们生产商的市场准入。

三、 美国近年对农民的贸易补偿

为补偿美国农民在贸易摩擦中受到的损失，美国国内的农业政策框架发生了重大调整。2018 年 7 月 24 日和 2019 年 5 月 23 日，美国国会两次启动永久法案中的《农作物商品信贷公司宪章法案》，分别提出了预算高达 120 亿美元和 160 亿美元的应急方案，加强了对农民的保护和补偿力度。具体由美国商品信贷公司授权，农场服务局、农产品运销局、海外农业服务局等负责执行。这些农项目是在美国常规农业法案之外对农民提供的额外保护。

（1）农场服务局执行《市场促进计划》（Market Facilitation Program），对大豆、玉米、小麦、高粱、猪肉等生产者提供直接补贴。这些农产品是美国的主要出口品种，受贸易摩擦影响较大。根据美国农业部 2019 年的统计，美国大豆、玉米、小麦、高粱、猪肉分别占世界总出口量的 32.78%（4 966.8 万吨，全球排名第二）、26.43%（4 381.7 万吨，全球排名第一）、14.89%（2 721.6 万吨，全球排名第三）、80.96%（304.8 万吨，全球排名第一）和 31.11%（285.6 万吨，全球排名第二）。其中，大豆出口受损最为严重。根据美国农业部的统计，受中国等贸易伙伴反制措施的影响，美国大豆每年的出口损失额高达 94 亿元，占总损失的 71％。高粱次之，损失约 8.5 亿美元，占比 6％。猪肉损失 6.5 亿美元，占比 5％。

在第一次的应急方案（市场促进计划-2018）中，美国政府对大豆的直接补贴以农场产量的 50％和 0.061 美元/千克（1.65 美元/蒲式耳）计算补贴额，即种植 1 万亩、亩产 223 千克的豆农将获得 6.8 万美元的补贴。

（2）农产品运销局执行食物采购和分配计划（Food Purchase and Distribution Program），即采购过剩农产品，将其分配给食物银行（Food Bank）等。

（3）海外农业服务局则执行贸易促进计划（Trade Promotion Program），如与墨西哥和加拿大优化自由贸易协定，以开拓海外市场。

在这三类政策中，市场促进计划属于"黄箱"范畴，是 2018 年农业法案之外的特殊保护计划。根据美国国会研究服务局的估算，排除市场促进计划中涉及的食品采购和分配项目等非国内综合支出量范围的政策之后，市场促进计划-2018 支付 86 亿美元，均为特定产品补贴；市场促进计划-2019 中有 128 亿美元为非特定产品补贴，17 亿美元为特定产品补贴。由于特定产品补贴一般难以申请微量排除，为了避免和特定产品相关，市场促进计划-2019 以县域历史种植面积和产量为基准提供补贴，这种补贴适用所有县域内的产品，和特定农作物的种植面积等因素不相关。

四、 美国对世界贸易组织规则的维护及与其他国家在相关规则上的分歧

世界贸易组织是全球农产品自由贸易的基石。在乌拉圭回合谈判中，多国围绕农业议题，为实现自由、公平、多边的国际贸易关系达成了国际性协议。美国是世界贸易组织规则的制定者和维护者，并积极利用世界贸易组织争端解决机制维护自身权益。自世界贸易组织成立的 1995 年以来，美国已对其他国家的农业保护措施发起了 46 起投诉，其中在 34 起投诉中获得了部分或全部成功。近年

来，美国督促成员国履行世界贸易组织框架下对《农业协定》①（Agreement on Agriculture，AOA）承诺并提高透明度。本部分将以 2019 年以来美国对中国和印度农业支持政策的挑战为例，进行具体说明。

（一）美国对中国农业支持保护措施提出挑战

2016 年 9 月，美国贸易代表办公室向世界贸易组织提出磋商请求，称中国对小麦、水稻（长粒米和中短粒米）和玉米三类农产品实施的关税配额管理措施违反入世承诺。美国称，中国国有企业掌握了小麦等农产品的主要配额，但其配额的执行率远远低于非国有企业获得的配额，这说明中国政府有意限制小麦进口，配额的执行并非基于商业性考虑。2019 年 4 月，世界贸易组织争端解决机构裁决认定中国违反了入世承诺，中国不得不对《农产品进口关税配额管理暂行办法》进行大幅修订，调整国有贸易配额分配、未利用配额再分配等操作办法。虽然中国修改了其配额管理办法，但依然没有明确私营企业许可等问题。2021 年，美国农业部发布了研究报告《中国小麦潜在需求：进口配额的申请者》，指出在中国进口小麦配额的申请者中，大部分为民营企业，极少数为国有企业。然而，中国 90％的小麦进口配额却集中在 1 家国有企业手中，另外 5％的小麦进口配额则掌握在其他 45 家国有企业手中。

---

① 《农业协定》是乌拉圭回合谈判的主要成果，是判定世界贸易组织成员方的农业支持政策是否违反世界贸易组织规定的主要依据。《农业协定》对"黄箱"政策设定综合支持量（AMS）限制，规定了农业支持政策的成本计算方法，并要求以公开、透明的方式向世界贸易组织汇报，通过此类制度设计鼓励农业支持政策"绿箱"化，减少对市场的干预。（1）绿箱（Green Box）指农业支持政策属于最小支持或者没有市场扭曲效应，不受综合支持量的限制。（2）蓝箱（Blue Box）指农业支持政策具有市场扭曲效应，但其支持的产量规模在一定范围之内，不受综合支持量的限制。例如，如果农业支持政策根据固定的面积、产量或牲畜规模计算，并且低于基础产量的 85％，则属于"蓝箱"政策。（3）黄箱（Amber Box）指农业支持政策具有市场扭曲效应，需要严格遵守综合支持量的限制，但可以申请微量排除（或称最低限量）（De Minimis Exemption）。最低限量是指某些支持项目额度小，低于总产值的 5％。这一阈值既可以针对特定产品的补贴（Product Specific），比较于具体产品的产值，也可以针对非特定产品的补贴（Non-product Specific），比较于国家农业总产值。即根据支持量在特定产品产值或国家农业总产值的占比来申请微量排除。（4）限制性的项目（Prohibited Programs）是指一些进出口补贴政策及关税类型的限制等。一些特定的产业政策对具体商品市场产生扭曲效果，对国际贸易带来明显的影响。

（二）美国对中国农业支持保护政策体系提出挑战

2016 年 9 月，美国贸易代表办公室向世界贸易组织提出磋商请求，称中国对小麦、水稻和玉米的市场价格支持超过了微量允许上限。美方称，中国通过价格支持政策提高了国内的小麦、水稻和玉米产量，减少了对这些农产品的潜在进口。2019 年 2 月，世界贸易组织争端解决机构裁决认定中国在 2012—2015 年对小麦等的补贴超标，要求我国遵守加入世界贸易组织时的承诺。

加入世界贸易组织时，中国承诺对特定产品的微量允许和非特定产品的微量允许上限均为 8.5%。因此，中国不得不对稻谷和小麦的最低收购价政策进行调整。从 2020 年起，中国将之前主产区按最低收购价敞开收购的操作办法调整为按最低收购价限量收购。美国的施压迫使中国严格遵守世界贸易组织框架下的农业保护规定，导致中国的农业支出空间受限。随着农业生产成本的提高，中国农产品优势可能会进一步下降，农产品进口量将进一步增加。

（三）美国挑战印度国内农业支持政策

2018 年 5 月，美国在世界贸易组织农业委员会（WTO Committee on Agriculture Meeting）会议上声称，印度没有准确地向世界贸易组织通报其在 2011 年至 2014 年对水稻和小麦的支持政策的支出情况。美国坚持认为，印度对水稻和小麦的价格支持政策已超过了世界贸易组织允许的范围，并达到了扭曲贸易的程度。同年 11 月，美国又提出印度对棉花的支持政策也超过了其对世界贸易组织的承诺。与此同时，澳大利亚、巴西和危地马拉对印度食糖产业政策也提出了质疑。2019 年 2 月，美国在世界贸易组织农业委员会会议上提出印度对木豆、绿豆、小扁豆等农产品进行了价格支持，但其向世界贸易组织通报的支持力度小于实质性支出。根据美国贸易代表办公室计算，印度对这些豆类的价格支持力度超出了其对世界贸易组织做出的承诺。

21 世纪以来，美国的对外贸易政策与其对内农业政策之间相互影响。美国一方面拓展多双边合作，改善市场准入条件，并在世界贸易组织框架下，倡导成员履行承诺，提高透明度，推动国际贸易的自由化和农业政策的市场化。这些举措表明美国在倡导公平和自由的国际贸易规则和价值观方面发挥了积极的作用。自 2001 年美国对世界贸易组织承诺其国内农业综合支持量不超过 191 亿美元以来，截至 2017 年，美国一直坚守这一承诺，并以此为表率引领世界农业政策市场化转变。另一方面，为改善贸易赤字、保护其他产业发展，美国政府实施了"美国优先"贸易保护战略。美国农业作为传统的创造贸易盈余部门，成为其他国家的反制目标。为保护在贸易摩擦中受损的农民和农业，美国不得不加强对农业的补偿，出台市场促进计划等新型支持政策。2018—2020 年，美国农业支持保护力度不断创历史新高，国内农业综合支持量首次超过其对世界贸易组织的承诺，这又破坏了美国所倡导的公平和自由的价值观，以及世界贸易组织规则。总之，美国的国内农业支持政策和对外农产品贸易政策在这种贸易保护和自由贸易的纠结与分歧中不断演化发展。

参考文献

李春顶，林欣，2020. 美国贸易政策的制定与决策机制及其影响［J］. 当代美国评论，4（1）：88‐104+125‐126.

赵将，张蕙杰，段志煌，2021. 美国的农业政策与 WTO 合规：2018—2020［J］. 农业经济问题（8）：113‐124.

第七章

新冠疫情特殊时期的美国农业政策

一、　新冠疫情下的美国农业

2020 年，新冠疫情由单一的公共卫生事件演变为全球性危机，其危机表现出全面性与深刻性的显著特征，对全球经济、政治、社会和贸易的影响无处不在，给全球农业生产、农产品贸易和粮食安全带来巨大的冲击和挑战。根据美国农业部对 76 个中低收入国家受疫情冲击的分析显示，在疫情发生之前，这些国家中处于饥饿状态的人口为 7.61 亿人，占总人口的 19.8%。疫情的肆虐导致经济衰退、失业率攀升、人均收入水平和购买力下降，处于饥饿状态的人口增加了 8 400 万人，增长 2.2%。其中，亚洲和非洲受到的冲击和影响较大。新冠疫情在不同阶段对美国农业的影响也不同，本章主要分析 2020 年和 2021 年新冠疫情对美国的影响及美国的应对举措。

（一）新冠疫情发展初期美国农产品出口受到严重影响

美国国家经济委员会主任拉里·库德洛（Larry Kudlow）2020 年 2 月 4 日表示，在《中美第一阶段经贸协议》下，美国农产品的大幅出口将在很大程度上受到新冠疫情的影响。中国是全球农产品进口大国，2019 年中国农产品贸易额达到 2 301 亿美元，其中进口 1 510 亿美元。随着中国需求的减少，加之全球大宗农产品处于下行周期，全球农产品价格下跌，玉米、大豆和棉花等价格低迷。联合国粮食及农业组织的食品价格指数显示，2020 年 3 月世界食品价格均价下跌，其平均指数为 95.1，比 2 月下降了 4.3%，这对以出口为导向的美国农业经济带来巨大挑战。

（二）新冠疫情对美国农业生产和供应链运行产生巨大扰动

2020 年 3 月 13 日，美国宣布国家进入紧急状态，部分地区实施了限制措施，要求居民不得随意外出。随着新冠疫情在美国的蔓延，其农业生产、加工、流通、消费和进出口都受到了不同程度的影响。

第一，新冠疫情导致美国食物消费总量下降。据统计，自 2003 年起，美国消费者外出饮食消费（Food Away from Home）占食物总消费比例维持在 50％以上，其他的则为居家饮食消费（Food at Home）。受疫情影响，2020 年，美国食物总消费同比下降了 7.8％。其中，外出饮食消费下降了 19.5％，而居家饮食消费同比增加了 4.8％。在居家消费增长中，杂货店贡献了主要力量。杂货店食物消费增长了 8.2％，超市食物消费增长了 3.1％。结果，外出饮食消费在美国食物总消费中的比例从 2019 年的 51.8％下降至 39％，食物消费方式的结构性转变是导致美国国内食物总消费下降的主要原因。

第二，美国一些大型的肉类生产企业因工人感染病毒而逐渐减少生产规模或面临被关闭的风险，导致加工环节不通畅以及整个供应链运营受阻，产品供给阶段性下降。但农业生产（如养殖）具有连续性特征，在需求端受到重大冲击时，农产品出现滞销，大量生猪被迫执行安乐死，大量生鲜乳被迫销毁。因此，需求冲击向上传导，对农业生产造成了严重破坏，导致了食物供给阶段性短缺及食物价格上涨。

此外，为加强疫情防控，美国政府封锁美墨边境但这导致了农业季节性雇工的短缺，也在一定程度上影响了农业生产。

（三）全球农产品价格开始利好美国农业

其一，在主要农产品出口国中，疫情防控所采取的行政管制，导致了不同程度的供应链受阻。封锁边境、限制人员和物资流通等防控措施对粮食生产、供应链物流、港口运营等造成了严重影响，导致生产和物流成本大幅增加，严重影响全球粮食供应链的稳定性。巴西、阿根廷、乌克兰、泰国等都是全球疫情非常严重的国家。为防止疫情扩散，物流运输、加工、港口中转等重要环节的运营效率下降，减少了农产品的有效供应，降低了农产品供应效率，导致农产品阶段性供应减量。

其二，多国基于粮食安全及维持国家通货膨胀水平的考虑，出台了出口限制等措施，虽然这些措施后来陆续取消，但短期内加重了市场的紧张情绪。国际组织多次呼吁保障全球供应链稳定。2020 年 3 月 30 日，联合国粮农组织呼吁"维持全球农食链稳定运营至关重要"；3 月 31 日，联合国粮农组织、世界卫生组织和世界贸易组织发布联合声明，呼吁减轻新冠疫情对粮食贸易和市场的影响。4月21日，二十国集团农业部长特别会议，围绕控制新冠疫情对农业供应链和粮食安全的影响展开了讨论，会议就减少贸易限制达成了共识。

其三，在疫情全球蔓延的同时，一些国家和地区的疫情得到了有效控制，为防控疫情所采取的封锁等措施逐步解除，经济逐步复苏，这有助于稳定全球农产品贸易。根据联合国粮农组织统计，从2020年6月开始，全球食品价格指数持续增长，8月已恢复至95.8。

其四，为应对2020年全球新冠疫情的冲击，以美国为代表的国家实施了无限量化宽松政策以刺激经济，这导致了全球流动性上升并推高了粮价。2020年3月至2021年3月，美国先后通过了三轮财政刺激计划，向市场投放了5万亿美元用于经济恢复。截至2021年11月19日，美联储和欧洲央行的总资产分别高达8.675万亿美元和8.442万亿欧元，比2020年3月初分别增加了4.44万亿美元和3.75万亿欧元。同时，日本、英国、加拿大等的央行总资产也都大幅增加。全球流动性上升助推全球食品价格指数一路上涨。截至2021年底，联合国粮农组织食品价格指数达到133.7，创近10年来新高（表7-1）。

表7-1　2020—2021年联合国粮农组织食品价格指数

时间	食物	肉类	乳制品	谷物	植物油	食糖
2020-01	102.5	103.6	103.8	100.7	108.7	87.5
2020-02	99.4	100.5	102.9	99.6	97.6	91.4
2020-03	95.2	99.4	101.5	98.0	85.4	73.9
2020-04	92.5	96.9	95.8	99.6	81.2	63.2
2020-05	91.1	95.4	94.4	98.0	77.8	67.8
2020-06	93.3	94.8	98.3	97.3	86.6	74.9
2020-07	94.0	92.2	101.8	97.3	93.2	76.0
2020-08	95.9	92.2	102.1	99.2	98.7	81.1
2020-09	98.0	91.5	102.3	104.3	104.6	79.0
2020-10	101.4	91.8	104.4	112.1	106.5	84.7
2020-11	105.6	93.3	105.4	114.8	121.9	87.5
2020-12	108.6	94.8	109.0	116.4	131.2	87.1
2021-01	113.5	96.0	111.2	125.0	138.9	94.2
2021-02	116.6	97.8	113.1	126.1	147.5	100.2

（续）

时间	食物	肉类	乳制品	谷物	植物油	食糖
2021-03	119.2	100.8	117.5	123.9	159.3	96.2
2021-04	122.1	104.3	119.1	126.2	162.2	100.0
2021-05	128.1	107.4	121.1	133.7	174.9	106.8
2021-06	125.3	110.7	119.9	130.3	157.7	107.7
2021-07	124.6	114.1	116.7	126.3	155.5	109.6
2021-08	128.0	113.4	116.2	130.4	165.9	120.5
2021-09	129.2	112.7	118.1	132.8	168.6	121.2
2021-10	133.2	112.0	121.5	137.1	184.8	119.1
2021-11	135.3	112.5	126.0	141.4	184.6	120.2
2021-12	133.7	111.0	129.0	140.5	178.5	116.4

数据来源：联合国粮农组织。

根据美国农业部统计，2021 年美国农产品出口额达到 1 770 亿美元，创历史新高（表 7－2）。大豆、玉米和牛肉是出口额最高的三种商品，乳制品、豆粕、干酒糟和宠物饲料等出口也都创下了历史纪录。①玉米方面。2021 年，美国玉米出口额达到 187 亿美元，比 2020 年增加了 95 亿美元。中国是美国玉米的主要进口国，2021 年中国自美进口玉米额同比增加了 316%，其主要因为中国在 2018 年受到非洲猪瘟影响后重建生猪产能，饲用需求大幅增加。②大豆方面。2021 年，美国大豆出口额 274 亿美元，同比增长 7%，出口额超过了 2016—2020 年 5 年平均值的 30%。其中，墨西哥进口量的增加对美国大豆出口的提升贡献最大，欧盟、日本、土耳其和印度尼西亚等市场都有增长。2021 年，美国对中国的大豆出口量下降了 20%，但得益于强劲的价格，美国对中国的大豆出口额基本持平。③小麦方面。2021 年，美国小麦出口额约 72 亿美元，同比增长 15%，前三大小麦进口国墨西哥、菲律宾和中国分别进口了 13 亿美元、8.7 亿美元和 8.03 亿美元，合计占美国小麦出口市场份额的 40%。2021 年，美国小麦生产受到干旱影响，产量同比大幅下降，其小麦出口额同比增长主要得益于小麦单价的提高。美国农业部首席经济学家塞思·迈耶（Seth Meyer）在 2022 年 2 月的美国农业部农业展望论坛上表示，2022 年美国农产品出口可能进一步提升至 1 835 亿美元。

表 7 - 2　2021 年美国主要农产品出口情况

单位：百万美元

商品	2017 年	2018 年	2019 年	2020 年	2021 年	2021 年同比增长	2017—2021 年平均值
大豆	21 456	17 058	18 694	25 522	27 408	7%	22 027
玉米	9 131	12 472	7 671	9 213	18 721	103%	11 441
牛肉及其制品	7 263	8 357	8 094	7 638	10 576	38%	8 386
坚果	8 479	8 515	9 074	8 400	8 882	6%	8 670
猪肉及其制品	6 485	6 403	6 951	7 711	8 107	5%	7 132
奶制品	5 368	5 479	5 914	6 447	7 660	19%	6 174
小麦	6 058	5 387	6 232	6 303	7 246	15%	6 245
包装食品	4 301	4 599	5 032	5 102	5 860	15%	4 979
棉花	5 827	6 550	6 140	5 951	5 711	−4%	6 036
豆粕	3 881	5 073	4 335	4 699	5 622	20%	4 722
禽肉	4 267	4 274	4 243	4 242	5 250	24%	4 455
水果	4 752	4 676	4 383	4 324	4 480	4%	4 523
烘焙食品	3 399	3 474	3 614	3 598	3 625	1%	3 542
干酒糟	1 851	2 456	2 227	2 329	2 998	29%	2 372
加工蔬菜	2 888	2 804	2 889	2 564	2 792	9%	2 787
燃料乙醇	2 412	2 663	2 330	2 293	2 767	21%	2 493
其他	45 048	44 495	43 262	43 397	49 334	14%	45 107
总体	142 866	144 733	141 086	149 733	177 040	18%	151 091

数据来源：美国农产品出口年鉴。

受出口拉动和强劲的农产品价格的影响，美国农业部预测，2021 年，美国农民的农场净收入同比增长 25.1%，达 1 191 亿美元；净现金收入同比增长 14.5%，达 1 342 亿美元，这是自 2013 年和 2014 年以来的最高水平（表 7 - 3）。虽然 2021 年生产资料如化肥、燃油等价格上涨，导致农民现金支出增加，以及政府补贴大幅下降，但农作物和牲畜的销售收入分别增长 19.1% 和 18.8%，带动农民净现金收入的正向增加。

表 7 - 3　2018—2021 年美国农民收入变化情况

单位：亿美元

指标	2018 年	2019 年	2020 年	2021 年（预测）
销售收入	3 712	3 670	3 638	4 326

（续）

指标	2018 年	2019 年	2020 年	2021 年（预测）
农作物	1 949	1 916	1 988	2 366
牲畜	1 763	1 754	1 650	1 959
政府补贴	137	224	457	271
其他收入	291	347	343	327
现金支出	3 114	3 174	3 265	3 583
净现金收入	1 026	1 069	1 172	1 342
总收入	4 249	4 275	4 530	5 106
总支出	3 438	3 485	3 578	3 915
农场净收入	811	790	952	1 191

注：净现金收入＝销售收入＋政府补贴＋其他收入－现金支出；农场净收入＝总收入－总支出；
数据来源：美国国会研究服务局。

二、 美国应对新冠疫情影响的举措

从 2020 年 3 月起，美国采取了多项措施以应对新冠疫情带来的挑战。一方面，美国政府利用行政手段确保连接生产和消费两端的加工环节通畅运作，保障供应链平稳运行和食物供应的稳定。随着疫情在美国的蔓延，食品工厂出现新冠确诊病例。为确保员工的生命安全和健康，美国泰森食品股份有限公司（Tyson Foods）和史密斯菲尔德食品公司（Smithfield Foods）等大型肉类生产企业都面临关闭加工厂的风险。美国农业部声明将利用所有可能的行政手段来保障工厂的继续运转，确保食物的充足供应。美国政府还确保超市等消费终端保持较高的货架率，减少民众的恐慌情绪。在美国政府稳产保供的政策支持下，供应链运营日趋稳定，美国的大型肉类生产企业也调整了生产结构，增加适用于超市货架销售的肉类食品的供应，满足消费者的购物需求。

另一方面，美国政府研究并出台了针对生产者和消费者提供补贴和援助的政策。美国国会从 2020 年 3 月起开始商议并出台了系列政策，旨在改善农场的资金流，帮助农民度过危机。2020 年 3 月 19 日，美国众议院通过了《家庭优先新型冠状病毒应对法案》（Families First Coronavirus Response Act），其中包括预算达 10 亿美元的食物援助，为老人、儿童、孕妇及其他弱势群体提供充足且营养健康的食品，满足消费者对食物营养与健康的需求。随后，美国小企业管理局（U. S. Small Business Administration）推出了帮助小企业的薪资保护计划，其中约 73 亿美元分配给了农业部门；2020 年 5 月和 9 月，美国发布了两轮冠状病毒食品援助计划，其预算分别高达 190 亿美元和 140 亿美元。冠状病毒食品援助计划和薪资保护计划对农业的支持力度最大且最具特点，本章对此做重点介绍。

（一）第一轮冠状病毒食品援助计划

在总额高达 190 亿美元的第一轮冠状病毒食品援助计划中，160 亿美元被用于对农民的直接支付，30 亿美元则用于牛奶、肉、水果和蔬菜等农产品采购。第一轮冠状病毒食品援助计划对生产者的补贴分为非特定产品补贴和特定产品补贴。根据美国农业部预测，非特定产品补贴将达到 37.58 亿美元，其中 22.93 亿美元补贴给玉米，8.45 亿美元补贴给大豆，4.42 亿美元补贴给棉花；对牛和生猪等特定产品补贴则分别达到 50.6 亿美元和 16 亿美元，对奶农的补贴高达 27.7 亿美元。

1. 非特定产品补贴

非特定产品补贴根据生产者的库存水平提供补贴，库存日期为 2020 年 1 月 15 日。该补贴主要针对受疫情影响而未能有效售出的农产品，且补贴基数不能超过农业部农场服务局统计的总产量的 50%。

2. 特定产品补贴

特定产品补贴主要针对牛和生猪养殖者等。对于牛和生猪的库存与销售情况，其计算基数分为两个时间段，一是 2020 年 1 月 15 日至 4 月 15 日销售的产品，由美国国会 2020 年 3 月 27 日通过的《新冠病毒援助、救济和经济安全法案》（CARES Act）提供补贴；二是 2020 年 4 月 16 日至 5 月 14 日持有的最高库存，由美国商品信贷公司提供补贴。

虽然对农民的直接补贴预算为 160 亿美元，但根据美国国会研究服务局的预计，只有 110 亿美元实际执行，其中 40 亿美元是非特定产品补贴，70 亿美元是特定产品补贴。

◆ **案例 5**

非特定产品补贴——以玉米种植者为例

农场主 A 在 2019 年种植玉米的单产为 800 千克/亩,则对农场主 A 单产补贴基数为 400 千克/亩。

(1) 若在 2020 年 1 月 15 日,农场主 A 未销售库存量(单位制)为 500 千克/亩。取单产补贴基数的 50% 和库存量的较低值,即 400 千克/亩,则农场主 A 所获得的补贴为 134 千克/亩(0.335×400 千克/亩)。

(2) 若在 2020 年 1 月 15 日,农场主 A 的未销售库存量(单位制)为 200 千克/亩。取单产基数的 50% 和库存量的较低值,即 200 千克/亩,则农场主 A 所获得的补贴为 67 千克/亩(0.335×200 千克/亩)。

◆ **案例 6**

特定产品补贴——以肉牛养殖户为例

在 2020 年 1 月 15 日到 4 月 15 日,肉牛养殖户 B 销售了 500 头成品牛。肉牛的重量平均为 635 千克/头(1 400 磅/头),达到屠宰标准。

《新冠病毒援助、救济和经济安全法案》(CARES Act)提供的补贴金额为 107 000 美元(500 头×214 美元/头)。

在 4 月 16 日到 5 月 14 日,养殖户 B 的库存数为 250 头牛,那么对养殖户 B 的补贴为 8 250 美元(250 头×33 美元/头)。

综上,养殖户 B 共获得补贴金额 115 250 美元(107 000 美元+8 250 美元)。

(二)第二轮冠状病毒食品援助计划

第二轮冠状病毒食品援助计划所补贴的覆盖面大于第一轮,包括传统农产品、特定农产品以及牛奶和牲畜等。第二轮冠状病毒食品援助计划预算的 140 亿美元中,预计约 133 亿美元将实际执行,主要用于特定产品补贴。

1. 非特定产品补贴

对农产品的补贴,主要参考了 2020 年的种植情况,而市场价格则主要参考了 2020 年 1 月中旬到 6 月下旬的低价(如是期货品种,则选择 11—12 月的期货价格）。农产品补贴标准设定为市场价格跌幅的 80％，并根据作物年度销售情况进行调整。玉米、大豆和小麦的补贴标准，即有效补贴价格分别为 0.009 美元/千克、0.011 美元/千克和 0.015 美元/千克（表 7－4）。农户每亩获得的补贴额为有效补贴价格乘以 2020 年农业保险真实生产历史指数（该指数为农户实际种植历史的单产数据）。如果农场没有真实生产历史记录，则采用农业风险保障计划单产数据的 85％替代（农民普遍参与）。

表 7－4　第二轮冠状病毒食品援助计划对主要农作物补贴的计算

农作物	价格下滑（1—6 月；美元/千克）	每单位补贴价格（市场价格跌幅的 80％）	销售比例（预计到 2020 年底销售比例）	有效补贴价格（美元/千克）	APH 单产（千克/亩）	每亩补贴标准（美元/亩）
玉米	0.029	0.023	0.400	0.009	723.921	6.658
大豆	0.026	0.021	0.540	0.011	215.091	2.460
小麦	0.025	0.020	0.730	0.015	215.091	3.140
棉花	0.220	0.176	0.460	0.081	62.472	5.068

注：真实生产历史单产数据采用美国国家农业统计局每种作物产量的 5 年均值。

2. 特定产品补贴

对于肉牛养殖户的补贴，根据 2020 年 4 月 16 日到 2020 年 8 月 31 日的最大养殖规模计算（种畜存栏除外），每头补贴 55 美元；对于生猪养殖户的补贴，根据同一时间内的最大存栏计算（不排除种猪），每头补贴 23 美元；对于奶农的补贴，则根据 2020 年 4 月 1 日到 2020 年 8 月 31 日的实际牛奶生产量和 2020 年 9 月 1 日到 2020 年 12 月 31 日预计的牛奶产量进行补贴，补贴标准为每磅 1.20 美元。

与第一轮冠状病毒食品援助计划相比，第二轮冠状病毒食品援助计划所补贴的农产品类别更广，且侧重点有所不同。第一轮冠状病毒食品援助计划侧重畜产品生产的补贴，66％的资金用于补贴畜产品生产，而第二轮冠状病毒食品援助计划更注重农作物生产的补贴，65％的资金用于补贴农作物生产。

（三）薪资保护计划

薪资保护计划是美国小企业管理局为应对新冠疫情而推出的一项举措，旨在帮助小企业（500 名雇工以内规模的企业，包括农场）支付劳工工资，维持就业市场、经济与社会稳定。

从贷款条件及可得性来看，根据美国农业部统计，若按 500 名雇工规模计算，美国 99％的农场都满足薪资保护计划贷款条件。根据薪资保护计划要求，如果企业没有受雇佣工人，但只有正净现金收入，同样可以享受贷款政策；如果企业没有受雇佣工人且没有正净现金收入，则无法享受该政策。综合上述条件，美国农业部预计 72％的农场有资格获得薪资保护计划贷款（表 7-5）。其中，有雇工且净现金收入为正值的农场占 16％，没有雇工但净现金收入为正值的农场占 48％，有雇工但净现金收入为负值的农场占 8％。以此条件预计，美国农场获得的薪资保护计划贷款额度约为 60 亿美元。美国国会研究服务局的分析与美国农业部的预计有差别，其认为薪资保护计划贷款中 73 亿美元分配给了农业部门，其中 36 亿美元为特定农产品贷款，37 亿美元为非特定农产品贷款。

表 7-5　美国农场分类及获得薪资保护计划贷款条件

单位：百万美元

农场类型	农场占比（％）	预计获得贷款额度
有雇工，净现金收入为正值	16	3 628
没有雇工，净现金收入为正值	48	1 632
有雇工，净现金收入为负值	8	723
没有雇工，净现金收入为负值	28	0
合计	100	5 983

数据来源：Anil，Tia，Dipak，and Christine（2021）。

从贷款归还要求来看，如果企业在获得贷款的 24 周之内，将 60％的贷款额度用于支付工人工资，则可以不用偿还贷款，相当于对企业的直接补贴。如果企业没有在规定的时间内支付工人工资或者所支付工资比例达不到要求的，则企业必须全额归还贷款。根据美国国会研究服务局的分析，美国农业部门获得的 73 亿美元薪资保护计划贷款中，将有 79.5％的贷款不用偿还，等于对生产者直接补贴 60 亿美元。

（四）美国 2018 年农业法案提供的常规补贴

在 2018 年农业法案中，常规的农作物商品项目和联邦农业保险项目等发挥了对农民收入的保护作用，但由于 2020 年和 2021 年农产品价格上涨至历史高位，超过了营销援助贷款、价格损失保障计划等项目的补偿触发条件（表 7-6）。总体上，在 2018 年农业法案中价格损失保障计划、农业损失保障计划和农业保险的赔付等均有所下降。根据美国农业部预计，2021 年，美国农作物商品补贴 34 亿美元，其中价格损失保障计划补贴 21 亿美元，农业损失保障计划补贴 1.2 亿美元，乳制品毛利覆盖计划补贴 11.3 亿美元，而营销援助贷款补贴 1 000 万美元。除此以外，加上土地休耕计划对农民的补偿及自然灾害援助，2018 年农业法案范围内项目在 2021 年对农民的补贴约 127 亿美元。

表 7-6　市场价格与农作物商品项目补贴触发价格的比较

单位：美元/千克

	2020 和 2021 年营销援助贷款补贴的触发价格	2020 和 2021 年价格损失保障计划补贴的触发价格	2020 年市场年度平均价格	2021 年市场年度平均价格（预测）
小麦	0.12	0.20	0.19	0.26
大麦	0.11	0.23	0.22	0.24
玉米	0.09	0.15	0.18	0.21
高粱	0.09	0.16	0.20	0.21
大豆	0.23	0.31	0.40	0.46
种棉	0.55	0.81	0.75	1.02
长粒米	0.15	0.31	0.28	0.29
中短粒米	0.15	0.31	0.29	0.30
温带粳稻	0.18	0.31	0.50	0.53

注：因为 2020 年或 2021 年该农产品市场价格过高，部分农产品无法享受价格损失保障计划带来的反周期补贴。

美国在新冠疫情期间对农业的保护力度是空前的。2020 年和 2021 年，两轮冠状病毒食品援助计划对美国农民的直接支付总额达到 235 亿美元（其中，第一轮直接支付 105 亿美元，第二轮直接支付 130 亿美元），以及薪资保护计划对农民补贴 60 亿美元，合计超过了 2018 年农业法案中常规的农作物商品项目、土地休耕计划和自然灾害援助等对农民的补贴总额，成为农民收入保障的主力（表 7-7）。

表 7-7　2018—2021 年美国政府对农民的补贴情况

单位：亿美元

项目		2018 年	2019 年	2020 年	2021 年
应急保障计划	市场促进计划	51	142	38	1
	冠状病毒食品援助计划	—	—	235	78
	薪资保护计划	—	—	60	87
	小计	51	142	333	166
2018 年农业法案中常规补贴	农作物商品项目、土地休耕及灾害补偿等	83	83	123	105
	政府支农总补贴	134	225	457	271

三、　相关展望

截至 2022 年，新冠疫情仍在全球蔓延，本章通过分析 2020—2021 年新冠疫情对农产品市场和农业的影响机制，总结并提出保障农业生产、农民收入和农粮食品供应链运转的有效措施，为未来提供更好的参考借鉴。

新冠疫情同时影响农产品的需求和供给。在新冠疫情发展初期，国际需求下降和经济衰退导致农产品价格下跌，给美国农业经营带来了严重挑战。而随着疫情的传播和演化，当其对主要农产品生产国和供应链造成冲击时，食品加工厂被迫停产、港口运营效率降低、运输司机短缺等，致使农产品供应效率下降，农产品有效供给受阻，进而推高农产品价格。出口国基于粮食安全和通货膨胀的考量，进一步减少农产品出口，给市场带来了巨大的扰动。多重因素导致供给冲击和农产品价格上涨，让美国农业大大受益，农产品出口额创历史新高。在美国国内，疫情之下食物需求和生产供给同时受到了冲击。需求方面，疫情对餐饮娱乐为主的第三产业打击最大，消费者食物消费方式从主要的外出饮食消费转向居家饮食消费，食物总消费量下降。供给方面，肉类等食品生产企业因工人感染与生产能力下降，导致下游食物供给水平下降和食物价格上涨，上游农产品滞销，大量生猪被迫实施安乐死，大量生鲜乳被销毁。

美国在新冠疫情期间对农业的保护力度是空前的，对农民的救助措施也是较为精准的。从总量来看，美国农民在 2020 年获得的各类直接支付金额达 457 亿美元，除了 2018 年农业法案中农作物商品项目、土地休耕计划和自然灾害援助等常规项目外，美国政府还实施了两轮冠状病毒食品援助计划，对美国农民的直接支付额度达到 235 亿美元，实施薪资保护计划对农民直接支付 60 亿美元，这成为农民收入保障的主力。根据美国国会研究服务局统计，2020 年美国微量排除之前的特定产品补贴预计为 316 亿美元，可申请的微量排除为 41 亿美元，经微量排除后的"黄箱"政策支持量为 274 亿美元，超过了美国政府对世界贸易组织承诺支持不超过 191 亿美元的限额，这是美国自加入世界贸易组织以来首次超过承诺限额。从结构上看，这些措施涵盖了解决农民的流动性危机、针对不同作物受损程度提供的补贴，以及供应链保障和消费者补贴等方面。但美国政府更侧重对农业的保护，对消费者补贴力度相对较弱。美国民主党认为，美国经济受到疫情影响消费低迷，失业率上升，因此应该加强消费补贴。从时间来看，政府对农民的补贴集中在受损较为严重的 2020 年。随着市场条件的改善，如销售价格和出口等在 2021 年和 2022 年逐渐向好，政府的保护措施逐渐退出，对农民的补贴力度也逐渐下降。

◤■参考文献

程国强，朱满德，2020. 新冠肺炎疫情冲击粮食安全：趋势、影响与应对［J］. 中国农村经济（5）：13 - 20.

顾善松，张蕙杰，赵将，等，2021. 新冠肺炎疫情下的全球农产品市场与贸易变化：问题与对策［J］. 世界农业（1）：11 - 19＋37.

叶兴庆，程郁，周群力，等，2020. 新冠肺炎疫情对 2020 年农业农村发展的影响评估与应对建议［J］. 农业经济问题（3）：4 - 10.

第八章

美国食物与营养援助政策

营养供给问题关乎家庭乃至整个社会的生存和发展能力。营养供给问题如果处理不好，将会阻碍社会发展，扼杀希望，造成极大的社会影响和经济损失。为保障营养供给，世界各国、各地区都在积极采取行动，尤其是保障低收入群体的营养供给。就美国而言，食物与营养援助政策是美国农业政策的核心。该政策诞生于 20 世纪 30 年代，主要于年代 60 年代至 70 年代得到完善，80 年代后趋于稳定。其政策目标是缓解农产品过剩、减少饥饿与严重营养不良、促进低收入家庭的营养与健康。

一、 食物与营养是发展的基础保障

（一）食物与营养援助是经济发展的动力之一

食物与营养是生产与生活的物质基础，与生产力发展和疾病负担密切相关。劳动力是生产要素中最活跃的因素，社会的进步与发展均离不开劳动力，而劳动力与营养供给密切相关。劳动者的营养状况直接决定其所能承受的劳动强度，改善劳动者的营养状况被认为是改善劳动力的重要方案。在科技快速发展的现代社会，虽然体力劳动逐步由脑力劳动取代，但营养供给仍是重要因素，且对营养供给结构提出了更高要求。此外，营养供给与人民健康情况紧密相关，营养不良、营养过剩和饮食结构不合理均可降低人民健康水平。营养不良导致身体素质差、免疫力低下，特别是儿童的营养不良问题，对经济的冲击尤为严重。而营养过剩、饮食结构不合理，同样会对身体健康产生消极影响，其主要表现在引起肥胖、高血压、糖尿病、冠心病等问题，进而抑制经济发展。

此外，作为经济发展的重要体现之一的贫困水平也与营养供给直接相关。贫困往往造成营养不良或营养缺乏，使人易患疾病、体能不足和智力发育受限，严重影响经济发展。

（二）大萧条拉开美国食物与营养援助政策序幕

美国 1929 年至 1933 年经历了严重的经济衰退。以 1929 年为基准，国内生产总值从 1 014.4 亿美元下降到 683.3 亿美元，降幅达 32.6%。大量企业破产，数千万人失业，失业率从 3% 上升至 25%，家庭的食物与营养获取面临压力，生活水平急剧下降。大萧条时期，农业受冲击最为严重，其表现在农产品过剩和价格暴跌，农业危机使农业机械工业、橡胶工业、汽车工业、肥料工业等都受到影响，进一步加深了工业危机。20 世纪 30 年代，以振兴农业经济和保障营养供给为主旨的美国食物与营养援助政策拉开序幕（图 8-1）。

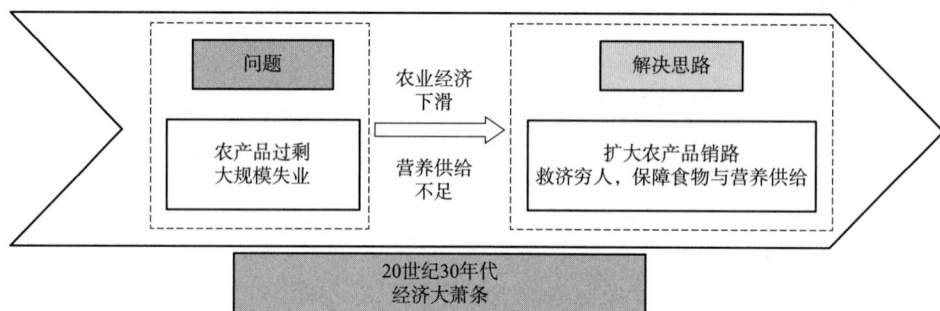

图 8-1　经济大萧条时期食物与营养援助政策探索起步

二、 美国食物与营养援助政策的诞生与发展历程

美国食物与营养援助政策自 20 世纪 30 年代初诞生以来，经历了很多变化，由最初的减少农业剩余逐渐发展成为美国主要社会福利项目之一。这种变化既是政策因素的推动，也是经济发展的结果。

（一）食物与营养援助政策诞生

食物与营养援助政策起源于 20 世纪 20 年代末 30 年代初的经济大萧条时期。在此之前，向营养供给困难者提供援助主要是各州和地方社区的责任，而非联邦政府的责任。在经济大萧条时期，农产品生产过剩导致粮食价格下跌和农业收入锐减，美国陷入大规模失业、饥饿和营养不良等困境。联邦政府为应对这一系列问题，对剩余农产品进行管控，将价格下降的农产品从常规销售渠道中移除，通过限制农产品的供应，提高农产品的价格，以增加农场的收入。20 世纪 30 年代初，联邦政府开始将这些过剩部分的农产品提供给福利组织，以分发给有需要的人。

1935 年，美国国会通过了农业法案。该法案指出，从美国海关收入中收取进口关税的 30％将提供给农业部，用于将过剩农产品转移到合适的销售渠道，并鼓励国内消费，尤其是针对过剩农产品的消费。这一时期，社会也达成共识，认为应向低收入家庭提供多余的食物（但不能取代正常家庭的消费）。

1936 年，商品分配计划（Commodity Distribution Program）得以实施。该计划旨在将过剩的商品分配给低收入家庭和学校午餐计划（School Lunch Programs），以减少农产品剩余，并帮助低收入家庭有效降低食物获取压力。在运作上，各州和地方政府建立了大型的食物分配系统，将多余的食物分配给贫困家庭、学校和慈善组织。然而，该计划并没有增加社会对食物的总需求，接收者在很大程度上用免费获得的食物替代了自己原本消费的部分。

在大萧条末期（1939 年前后），美国农业部推出了第一个以优惠券为基础的食品援助项目——食品券计划。该计划为参与的家庭提供票据，他们可凭票据在食品零售店兑换食品。食品券的发放资格因地制宜，各个地区根据当地情况制定食品券发放标准。

从商品分配计划向食品券计划的过渡，主要受政策因素、需求因素和分配机制的影响。在政策因素上，食品券计划的目标更为明确，旨在确保政府的福利被用来刺激食品消费增长，而不是取代现有的消费。在需求因素上，食品券计划将改善食品的消费结构与数量，使食品供给更符合人们的实际需求。在分配系统上，食品券计划改变原有独立分配系统的模式，调整为基于现有食品分配系统，实现福利分配。这一转变主要源于食品零售商面临的销售压力，商品分配计划独立于现有食品销售渠道，导致食品零售商销售额下滑、收入降低，经营意愿下降。

为了控制福利接受方获得的食品类型，食品券计划引入了橙色和蓝色两种标识。橙色食品券需要搭配一定的现金使用，而蓝色食品券则为免费发放。参与者可以在授权的食品零售店使用这两种券兑换食物，橙色食品券可以兑换大多数类型的食物，而蓝色食品券价值仅为橙色的一半，只能用于购买美国农业部指定的过剩食品。通过双色标识，食品券计划更加聚焦提升家庭的食品消费水平，而不是替代原有的消费，这使得食品券计划比商品分配计划更为完善。1942 年，食品券计划已覆盖了美国 2/3 的地区，有效促进了家庭食品消费的增长。

另外，食品券计划也存在一定的弊端。该计划需要家庭支付部分食品券费用，这大大降低了贫困家庭，特别是手头拮据家庭参与的积极性。食品券计划的管理比较复杂，美国农业部每月都会选定可用蓝色食品券的过剩食物，这一过程需要零售商和农业部工作人员充分沟通，且每月持续协商。欺诈和滥用也阻碍了该计划的实施，其直接导致福利不能有效发放至低收入家庭。1943 年，随着失业率下降和农产品剩余减少，食品券计划停止。虽然食品券计划时间较短，但为后续的食物与营养援助政策，尤其是补充营养援助计划（Supplemental Nutrition Assistance Program）奠定了基础。

（二）食物与营养援助政策的发展与完善

20 世纪 60 年代初，美国农业部启动了食品券计划（Food Stamp Program），并创建了第一个试点。在此时期，美国经济已进入衰退期，人们对贫困问题的关注加深。食品券计划结束的 18 年后，基于原有模式的食品券计划得以实施，其模式也是人们通过食品券向店铺兑换食品，但取消了双色标识，参与家庭可以在任意店铺兑换食品，不再限定兑换过剩农产品（咖啡、茶、可可等和国外进口产品除外）。因此，该政策的重点从减少农产品剩余转向改善低收入人群的营养状况，其旨在为低收入人群提供食物支持，与改善农业状况的目标具有较强的共性。食品券计划能够有效增强整体购买力，增加人们对食物的总体需求，同时减少过剩农产品。

食品券的获得资格是由各州和地方决定的，通常由各地区制定适用食品券的准入标准，美国农业部则负责拨款。在拨款上，遵循低成本、营养充足的原则并根据各时期的实际情况确定拨款金额。食品券计划也致力于规避食品券替代原有家庭消费的情况。对此，其分配比例结合家庭收入和家庭食品消费情况，设计了分配的最大值，并以此为限。截至 1964 年，美国农业部在 22 个州的 43 个地区开展了食品券试点，有效扩大了农产品市场，改善了参与者的食品消费和营养状况，并增加了食品零售店的销售。

1964 年，约翰逊总统呼吁通过对永久性食品券进行立法，将其变成"向贫困开战"（War on Poverty）计划的一部分，由此《食品券法案》得以正式通过。试行政策成为永久政策，食品券计划几乎取代了直接的食物援助。

20世纪70年代，随着美国农产品剩余基本消除，食品券计划的实施目标几乎不再考虑农产品剩余问题，其本质逐渐发展为政府转移支付的救济计划，这给美国财政带来了巨大压力。1971年，食品券计划的分配标准进行了调整，其分配被限制在不超过家庭收入的30%。但食品券计划仍以其对低收入家庭较强的食品援助能力，在美国各个地区迅速推广。截至1974年，即该计划成为永久性计划的10年后，食品券计划已扩大至全国50个州。

20世纪70年代后期，参与食品券计划的人数开始下降，这主要归因于经济因素与政策因素的双重作用，即低收入群体营养供给问题的改善和财政压力、项目实施与管理压力的增加。1981年，食品券的准入标准再次调整，除特殊情况外，参与者的总收入只有达到或低于贫困线的130%，才具有参与资格。

进入20世纪80年代后，随着经济社会的发展以及联邦政府食物与营养援助系列政策的推进，严重的饥饿与营养不良问题得到了有效缓解，但不良的饮食习惯与不健康的生活方式开始影响美国人民的健康。食物与营养援助政策的关注重点也转向关注低收入群体的营养与健康，如开展营养教育、减少脂肪类食品的供给、增加蔬菜水果的供给等。

随着电子信息技术的进步，纸质食品券逐渐退出历史舞台。自2004年开始，各州普遍采用电子福利转账系统（Electronic Benefit Transfer System）来发放福利，该系统在每月固定日期通过电子福利转账卡类似于信用卡或借记卡发放福利。电子福利转账系统为每笔转账建立了电子记录，使其更容易被识别和被追踪，缓解了福利被挪为他用的问题。电子福利转账卡有效降低了印刷、分发和兑换成本，提高了福利分配效率。

然而，在电子福利转账系统推行的初期，也存在一些问题。作为食物供给主体之一的农贸市场，原本直接向农户兑换农产品，特别是新鲜水果和蔬菜，但随着电子福利转账的实施，农贸市场的兑换量明显下降。区别于其他类型的授权商，农贸市场并非都处于网络运营的区域，因此由纸质食品券转为电子转账后，在农贸市场难以兑换福利，致使项目推进受阻。针对此问题，美国农业部在后期进行了优化，支持农贸市场使用电子福利转账系统，为电子福利转账系统的搭建拨款，以及完善基础设施等。

2008年，食品券计划更名为补充营养援助计划。此外，2008年农业法案针对未来10年的食品券发展增加了超过100亿美元的预算，用于进一步加强营养教育，加大食品券的影响力度。2000—2010年，其服务数量增加了140%。研究显示，在参与该项目后，家庭食品消费水平得到了显著改善。在获得福利前，每个家庭平均每季度在食物上的花费为986.3美元；在获得福利后，每个家庭平均每季度的食物花费增加了59美元。补充营养援助计划逐步发展为美国食物与营养援助政策体系的支撑。

现阶段，美国农业部管理15个食物与营养援助计划，以补充营养援助计划等为主，占据了支出总额的96%，其中补充营养援助计划是美国食物与营养援助政策的基石，占支出总额的2/3以上。其余计划分别为妇女、婴儿和儿童特殊补充营养计划（Special Spplemental Nutrition Program for Women, Infants, and Children），国家学校午餐计划（National School Lunch Program），学校早餐计划（School Breakfast Program），儿童及成人保健计划（Child and Adult Care Food Program）。这四个计划主要是为特殊群体提供更为直接的营养援助，包括改善孕妇及婴幼儿的特殊营养需求，为儿童提供更为健康、低成本的早餐和午餐，以及改善儿童和成人在托管护理期间的饮食状况（图8-2）。

（百万美元）

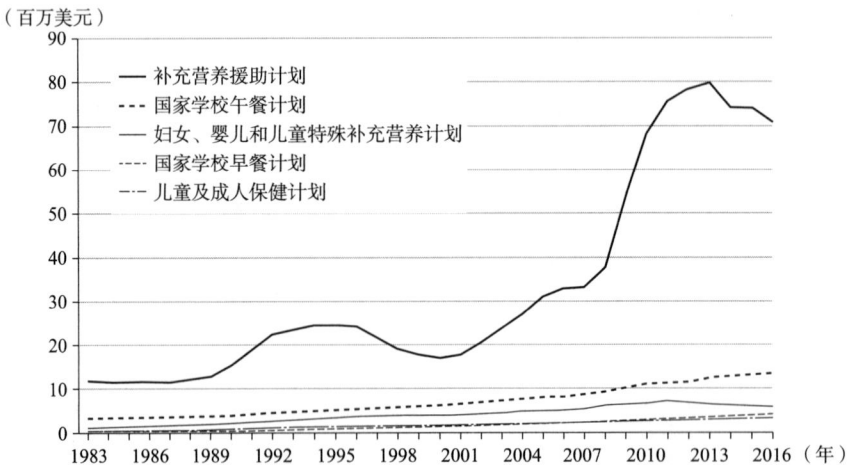

图8-2　1983—2016年主要食物与营养援助计划支出情况

数据来源：美国农业部经济研究局。

三、 美国食物与营养援助政策的实施与效果

大约有 1/4 的美国人至少参与过一个食品援助计划（共有 15 个食品援助计划）。这一系列食品援助计划虽主旨相同，但目标人群、福利形式、参与人数和运营成本有所差异，其核心均为解决营养获取困难问题。其中，补充营养援助计划是基础性计划，是构成食品援助体系的基石。补充营养援助计划在总支出中的占比远超其他食品援助计划。与补充营养援助计划相比，其他计划均主要针对特殊人群、特殊饮食和特殊交付环境等，参加补充营养援助计划不影响参加其他食品援助计划，多计划融合并行，以增加参与者获得充足营养的机会。

（一）补充营养援助计划的基本情况

补充营养援助计划的前身是食品券计划，旨在借助福利支付为符合资格标准的家庭提供食品援助，构成了美国抵御饥饿的第一道防线。补充营养援助计划对美国民众的食物与营养援助供给起重要的支撑作用，2016 年平均每月有 14％的人参与计划，且该计划每月为每户家庭提供 255 美元或每人 126 美元的支持。作为国家安全体系的重要支柱之一，该计划的年度预算占到美国农业部年度预算的一半以上。补充营养援助计划通过提高参与者的食品购买力，有效改善了他们的饮食状况，增加了他们获得营养的机会。在服务对象上，补充营养援助计划的主要针对人群为儿童、老年人和残疾人士，他们占总参与者的 60％以上。

（二）补充营养援助计划的准入条件

总收入水平评估。家庭总收入必须达到或低于联邦贫困指南的 130％，部分老年人（60 岁及以上）或领取残疾津贴的家庭不参与该总收入水平评估，但必须通过净收入水平评估。

净收入水平评估。净收入指家庭总收入减去必需品的费用，该净收入必须达到或低于联邦贫困指南的 100％。

资产评估。资产是衡量家庭获得食物能力的重要因素，根据资产评估，家庭最多可以拥有 2 250 美元的可计算资产，如银行账户存款等。如果家庭中有 60 岁及以上的成员，或残疾人士，则可将计算资产上限提高至 3 250 美元。但房屋、土地，以及家庭成员领取的安全性补助等不在可计算资产内。此外，大部分的州将车辆排除在可计算资产之外。

工作要求。年龄在 16 岁至 59 岁的成年人必须注册工作信息，接受合适的工作。如果由于身体或精神原因不适合就业，可以适度放宽政策。

非公民的资格要求。无证非公民没有资格参与补充营养援助计划。大多数合法的永久非公民，如果在美国居住了 5 年，且符合其他条件，或目前接受与残疾有关的福利援助，可以参与补充营养援助计划。如果是 18 岁以下的儿童或者军人及其家属，也可以参与补充营养援助计划。

（三）补充营养援助计划的援助模式

补充营养援助计划的配给方式是通过电子福利转账系统发放给符合条件的家庭的，其方式类似银行的借记卡。福利援助每月以电子方式存入家庭账户，并供家庭用于兑换食品。每个州都有各自的电子福利转账系统，并且电子福利转账卡可以跨州使用。补充营养援助计划涉及的店铺不仅为参与计划的家庭提供服务，也为公众提供服务。这些店铺类型包括商店、超市、农贸市场、直销农户、治疗中心、集体宿舍等。

补充营养援助计划每月为受助人提供福利，受助人用其购买食物。大多数种类的食物都可用补充营养援助计划提供的福利购买，但烟草、酒精等除外。该计划的援助并不是为了满足家庭所有的食品需求，除非家庭净收入为零。只有在这种情况下，该家庭才能获得最大的拨款份额。家庭的最高配给份额随着计划拨款规模的增加而增加，并且每年都进行调整，以应对食品成本的变化。补充营养援助计划的参与家庭将其净收入的 30% 用于购买食品，计算公式为"家庭分配额＝最高分配额－0.3×家庭净收入"。因此，随着家庭收入的改善，其分配额将会逐渐减少。

（四）补充营养援助计划的管理机制与主管单位

美国农业部食物与营养援助计划局（Food and Nutrition Service）于 1969 年 10 月 8 日成立，其管理多个食物与营养援助计划，并与各个州保持密切合作，为大部分州提供其实施和管理的资金支持。

美国农业部食物与营养援助计划局下设食品券计划（后更名为补充营养援助计划）、特殊营养计划、财务管理部门和行政管理部门，分别负责相关计划的实施、儿童营养工作、计划预算财务和行政管理工作。现阶段，食物与营养援助计划局的主要目标是通过提供食物援助和开展更广泛的营养教育，向儿童和贫困家庭提供食物，并帮助他们培养更为健康的饮食习惯。美国食物与营养援助计划局由三个部分组成，包括各地区下设机构、业务部门和后勤保障部门。美国食物与营养援助计划局在主要区域设置了区域办公室，以分区推进食物与营养援助政策的实施。其中，规模最大的是补充营养援助计划，目前为大约 1/7 的美国人提供服务，每年花费超过 750 亿美元。

美国食物与营养援助计划局与各州政府合作管理补充营养援助计划。其负责在联邦层面颁布法规、确定福利水平和资格标准、定义食物种类、授权食物供应主体，对各州情况进行监管、研究和评估。而各州政府负责制定本州的实施程序、与申请家庭建立联系、认证参与者、确定参与者的福利水平、发放电子福利转账卡和福利、开展营养教育、控制与审查质量、监管欺诈等。这些工作通常由当地的国家机构或受其监督的地方机构通过其办公室来具体执行。

（五）补充营养援助计划的实施效果

补充营养援助计划的实施效果主要体现在五个方面：缓解饥饿与营养不良、增进家庭经济福祉、增加食品消费、保障粮食安全及改善营养和健康水平。

第一，缓解饥饿与营养不良。20 世纪 60 年代，饥饿与营养不良是美国面临的最严重的社会问题之一。随着食品券计划的推进，美国的饥饿与营养不良问题得到有效缓解。截至 20 世纪末，饥饿与营养不良问题得到极大改善。

第二，增进家庭经济福祉。一个家庭的经济福祉通常由其贫困状况来衡量，如食品不安全、健康状况不佳和收入潜力下降都与贫困有关，补充营养援助计划有效缓解了低收入家庭的食品与营养供给压力，缓解了营养不良问题。列维坦（Levitan）和舍尔（Scheer）基于美国纽约 2007 年和 2009 年的数据，对此进行了论证，验证了补充营养援助计划能够有效降低贫困率，增进家庭经济福祉。

第三，增加食品消费。补充营养援助计划直指食物消费，增加家庭的食物消费，进而体现在食物的供求体系中，促进社会经济发展。

第四，保障粮食安全。粮食安全的基本内涵为任何人在任何时候都能够获得足够的食物以维持积极、健康的生活，低收入家庭难以实现充足的食物供给。补充营养援助计划对保障粮食安全具有重要意义，补充营养援助项目在保障粮食安全上具有突出优势，参与计划家庭的粮食不安全比率明显低于未参与计划家庭；补充营养援助计划可以将粮食不安全（非饥饿的粮食不安全）的可能性降低大约30％，将粮食非常不安全（存在饥饿的粮食不安全）的可能性降低 20％。

第五，改善营养和健康水平。补充营养援助计划的主要目标不仅是要保障家庭充足的食物供应，还致力于改善人们的饮食结构，推行更为营养、健康的饮食习惯，包括适当食用低脂食品、新鲜的蔬菜和水果等。随着补充营养援助计划的推行，在美国，与饮食相关的肥胖、高血压和糖尿病等问题能够得到缓解。

（六）补充营养援助计划的功能延伸

经济自动稳定器。补充营养援助计划可以作为经济自动稳定器。在经济衰退期间，一些失去部分或者全部收入的家庭可以参与补充营养援助计划。此外，对于在衰退前已经参与该计划的家庭而言，如果他们的收入下降，补充营养援助计划的福利水平也会相应提高。该计划不仅支撑了家庭对食品的需求，还增加了农场、加工企业、零售商的收入和支出，进而引发连锁反应。补充营养援助计划通过支撑宏观经济，驱动了生产与消费，能够在经济增长乏力时带来动力，在经济过热时自动收缩。据现有研究测算，补充营养援助计划对美国国内生产总值的参数为 1.73 至 1.79，即该计划每增加 10 亿美元，国内生产总值就会相应增加

17.3 亿至 17.9 亿美元。

　　紧急援灾功能。补充营养援助计划能够迅速对灾难下的紧急食物需求做出有效反应。在灾难期间，美国农业部可以采用不同措施来提供紧急食品援助。最初，当商业食品分配中断时，紧急食品会被提供给避难所、集中供餐点和有需要的家庭。随着零售店和其他经营主体逐渐恢复营业，美国农业部便可以通过补充营养援助计划发放紧急食品券。这一功能延伸被称为灾难补充营养援助计划（Disaster Supplemental Nutrition Assistance Program）。在灾难期间，符合条件的家庭可以获得短期福利，并在当月获得补充营养援助计划分配比例的最大值。灾难补充营养援助计划既可以面向已经参与该计划的家庭，又可以面向未参与该计划的家庭，但需要确认灾害造成的损失，如收入损失、财产损失、搬迁费用，以及在某些情况下由于停电造成的食物损失。

■ 参 考 文 献 ————————————————————————

曹峰，吴进进，邵东珂，2015. 美国农业福利政策的演变（1862—2000）［J］. 美国研究，29
　　（2）：132 - 149＋8.

陈春明，王玉英，2000. 论营养与贫困地区的经济发展［J］. 卫生研究（5）：305 - 307.

卢良恕，2008. 我国食物与营养工作成就和发展趋势：在 2008 年中国食物与营养高层论坛上
　　的讲话［J］. 中国食物与营养（12）：4 - 7.

卢昱嘉，王萍萍，代瑞熙，2017. 每日食物营养的政策演变［J］. 世界农业（4）：113 - 119.

王世群，何秀荣，王成军，2012. 美国食品与营养援助政策及其对中国的启示［J］. 世界农业
　　（1）：50 - 54.

王烨，于欣平，曹薇，等，2015. 营养与社会经济发展的关系研究［J］. 中国食物与营养，21
　　（3）：59 - 63.

王周宾，2000. 职工下岗失业的负面效应［J］. 经济经纬（5）：31 - 33.

邬琼，2020. 20 世纪 30 年代美国大萧条的背景、原因及启示［J］. 中国物价（1）：49 - 51.

夏清成，菅明军，1998. 美国 30 年代的经济大萧条和罗斯福新政［J］. 财政研究（12）：37 -
　　42＋45.

中国国家 RETA 组课题组，2002. 公众营养状况：一个事关发展的战略性问题［J］. 经济研
　　究参考（9）：2 - 5.

Baum C L, 2011. The Effects of Food Stamps on Obesity [J]. Southern Economic Journal, 77 (3): 623 – 651.

Berkowitz S A, Seligman H K, Rigdon J, et al, 2017. Supplemental Nutrition Assistance Program (SNAP) Participation and Health Care Expenditures Among Low-income adults [J]. JAMA Internal Medicine, 177 (11): 1642 – 1649.

Klerman J A, Danielson C, 2011. The Transformation of the Supplemental Nutrition Assistance Program [J]. Journal of Policy Analysis and Management, 30 (4): 863 – 888.

Sharkey J R, Dean W R, Nalty C C, 2013. Child Hunger and the Protective Effects of Supplemental Nutrition Assistance Program (SNAP) and Alternative Food Sources Among Mexican-origin Families in Texas Border Colonias [J]. BMC Pediatrics, 13 (1): 1 – 11.

Todd J E, Gregory C, 2018. Changes in Supplemental Nutrition Assistance Program Real Benefits and Daily Caloric Intake Among Adults [J]. Food Policy, 79: 111 – 120.

Yen S T, Bruce D J, Jahns L, 2012. Supplemental Nutrition Assistance Program Participation and Health: Evidence from Low-income Individuals in Tennessee [J]. Contemporary Economic Policy, 30 (1): 1 – 12.

第九章

美国农业科技政策

一、 美国农业科技政策的变革进程

（一）美国科技发展支撑其农业产业的科学化、 现代化

20 世纪 40 年代后，美国农业进行了农业机械化、农业化学化、生物技术革命和农场管理革命，其中农业机械化是这一时期的主要特点。过去传统上认为不易使用机械操作采摘和收获的部分农作物和水果，如马铃薯、棉花、葡萄、番茄等，在这一时期都实现了机械化，家禽饲养也逐渐实现了商业化、自动化，化学技术也在农业上得到了普遍应用。以杂交育种为重点的农业生物技术也全面兴起。同时，农场主也开始利用计算机来管理农场。这段时期，美国农业科研投资稳步上升，农业科技的快速发展与农业技术推广的高效实施大大提高了美国农业的生产效率。1868—1926 年、1927—1950 年、1950—1970 年，美国农业来自生产率提高的收益与在农业研究上的公共资金投入比值分别为 65%、95%～110% 和 130%，呈现逐步上升的趋势。截至 20 世纪 80 年代初期，美国的农业生产不但在耕、种、收、运、储等几乎所有的生产环节都实现了机械化，而且形成了一套完善的农业科学管理程序与体系，不少大型农场也实现了自动化、智能化的管理，农业生产的科学化程度很高，农业因此成了资本密集型和知识密集型的现代化产业部门。

（二）近十年来，美国科技政策强调进一步实现农业的可持续发展， 满足民众的生活需求

1. 提高全要素生产率及对农业资源的利用效率

随着世界人口的快速增长，人们对能源的需求日益增加，但能源却十分有限。这就迫切需要世界各国、各地区的农业尽快实现全球化，不断提高对有限资源的利用效率，以增加农业产出。

美国只有不断加大科研投入、提高全要素生产率，才能不断提升与全要素生产率密切相关的农业资源的利用效率。受近几年物价水平居高不下的影响，农业研究的成本上涨速度已超过通胀率。在考虑居民消费价格指数后，美国农业科研

经费的投入也在不断地缩水，无法满足全要素生产率快速增长的需要。如1927—2009年，美国平均每年增加的农业科研经费投入为7.49%，但根据居民消费价格指数进行相应的调节后就缩水为4.37%。因此，美国应该不断增加在农业科研上的投入，并确保与居民消费价格指数的增长相匹配，以保证全要素生产率指数的快速增长。同时，美国还应该将更多的土地、劳动力和资金等资源投入农业生产，以提高农业产出，满足发展需要。

2. 农业科研的方向与重点

根据2018年7月18日美国国家科学院发布的《至2030年推动食品与农业研究的科学突破报告》，指出了未来10年美国食品与农业研究面临的9项关键挑战，即提高作物生产系统的养分利用效率、减少土壤流失和退化、利用遗传多样性促进作物改良、优化农业水资源利用、改进食用动物遗传学研究、开发精准家畜生产系统、动植物病害的早期快速检测与预防、食源性病原体的早期快速检测，以及减少整个供应链中的食物损失和浪费。该报告提出了未来10年美国食品与农业研究的3个主要目标，即提高食品和农业系统的效率、提高农业的可持续性，以及提高农业系统的恢复力来适应快速变化和极端环境。该报告确定的5项科学突破机遇是跨学科研究与系统方法、传感技术、数据科学和农业食品信息学、基因组学和精准育种、微生物组，明确了作物、畜牧业、食品科学与技术、土壤、水利用效率和生产力、数据科学、系统方法等有前景的研究方向。

美国农业部公布了《美国农业部科学蓝图：2020—2025年科研方向》，作为当下指导整个部门以及合作研究机构进行科学合作的方针。该报告分为可持续农业集约化发展、适应气候变化发展、食品和营养转换、增值创新和政策引导等5个主题。美国农业部认为，农业的未来取决于生产能力、技术进步、生产效率和环境管理的持续改善，将可持续农业集约化作为第一大主题优先考虑。在适应气候变化方面，美国农业部认为。农业系统必须适应不断变化的天气模式和温度，增强农业生产对气候变化导致的干旱、入侵物种、野火等干扰的适应能力。同时，美国农业部在确保安全、营养和健康的食物方面发挥着关键作用，将农业和农产品增值列为美国农业"五年计划"中的重点之一，并强调通过创造新市场、建立新供应链，创造更多就业和经济发展机会。

另外，2019 年 2 月，特朗普签署了第 13859 号行政命令——《维持美国在人工智能领域的领导地位》，持续强调美国在人工智能等新兴技术方面的国际领导地位。同年 9 月，美国政府发布《2021 财年政府研发预算重点》备忘录，列出国家安全、新兴产业、能源环保、生物健康和太空探索这 5 大研发方向，提出打造多元、高技能的美国科研人才队伍，创建并支持反映美国价值的科研环境，支持高风险、高回报的变革性研究，充分利用数据的力量，构建、增强和扩展战略性多部门合作共 5 大重要措施。这些措施将对农业科技发展产生重要影响。

二、 美国农业科技运行体制

美国的农业发展史实际上就是一部美国农业科技的发展史。美国农业的整体优势得益于其高效运行的农业科技创新体系，这一体系赋予了美国较强的农业科技优势。

（一）美国农业科研体制

1. 美国农业科研系统

农业研究局、经济研究局、国家农业统计局、食品和农业研究所（NIFA）这四个机构共同组成了美国农业部的研究、教育和经济任务部门。其中，经济研究局是美国农业部经济信息、分析以及经济和社会科学研究的主要来源。其职责是为公共和私人决策提供信息并强化在与农业、粮食、环境和农村发展有关的经济和政策问题上的决策能力。国家农业统计局是美国农业部的统计机构，每年进行数百次调查，并编写涵盖美国农业各个方面的报告。同时，国家农业统计局还对调查设计、抽样和其他问题领域进行统计科学研究，并与各州密切合作，共同确定农业概况。在农业部的统筹下，美国建立了一个庞大的农业科研系统，这一系统主要包括美国农业部农业研究局、食品和农业研究所，以及各地的赠地大学[①]。食品和农业研究所则是负责投资美国农业部以外的研究、教育和推广机

[①] 赠地大学（Land-Grant Colleges）也叫农工学院、拨地学院，是美国国会根据 1862 年通过的《莫雷尔法案》所指定的高等教育机构。

构，其使命是通过资助研究、教育和推广项目，为国家和世界创造更美好的未来。本书中重点介绍农业研究局。

2. 农业研究局的组织架构

农业研究局的目标是找到影响美国人从田间到餐桌的农业问题的解决方案，致力于为全球农业挑战提供科学解决方案，并通过科技，使美国农业处于全球领先地位，这也是农业研究局的核心价值所在。农业研究局将为美国农民、生产者、工业和社区提供尖端的科学工具和创新解决方案，以支持所有人的营养；维持美国的农业生态系统和自然资源；确保美国农业的经济竞争力和卓越性。同时，农业研究局的科学家经常与大学、公司、其他组织和其他国家或地区的研究伙伴开展合作研究。根据总统提出的预算和项目研究重点，国会批准了 2014 年度美国农业研究局的预算，约为 11 亿美元，而美国农业研究局在 2003 年的预算为 10 亿美元。根据美国农业部 2021 年科学报告，年度财政预算金额为 15 亿美元。可见，农业研究局财政预算金额在近几年得到了一定程度的增长。

农业研究局成立于 1953 年，是美国农业部最大的研究机构。农业研究院拥有约 8 000 名员工，其中包括 2 200 名生命和物理科学家、工程师及兽医。他们具有广泛的学科知识背景，在全国 100 多个地区和 5 个海外实验室工作。农业研究院的研究议程广泛，约有 1 200 个研究项目分布在 4 个主要领域：营养、食品安全和食品质量，动物生产和保护，自然资源和可持续农业系统，以及作物生产和保护。农业研究局约 1/3 的研究是支持美国农业部管理机构的工作。农业研究局由两部分组成：一部分是用于计划、协调和支持各项中心研究项目的服务型部门，如国内项目办公室、国际研究项目办公室、技术推广办公室等；另一部分是进行实地研究实施及信息发布的各地区农业研究局实验室和国家农业图书馆，具体情况如图 9-1 所示。

美国农业研究局按照资源条件、生态环境和农业地域性特点，将美国划分为 8 大区域性研究中心，分别为贝尔茨维尔地区（总部和国家研究中心设在该区）、西太平洋地区、中南部地区、南部平原地区、北部平原地区、中西部地区、北大西洋地区和南大西洋地区。这 8 个科研中心分别设有不同的地区性研究中心和实验室，其研究内容的侧重点各不相同（表 9-1）。农业研究局所属的各研究分支机构和实验室均分布在这些区域中，各个地区根据其地域性特点从事相关农业科学研究。这些设置和美国生产经营的专业化密切相关。

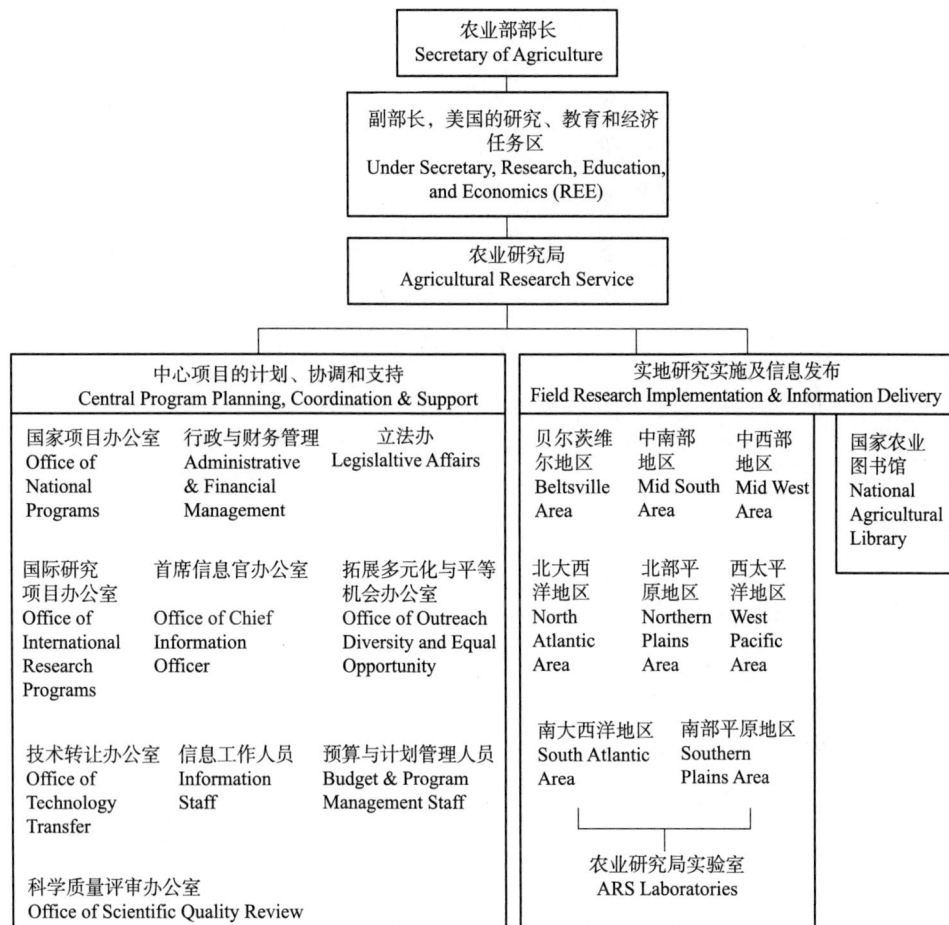

资料来源：根据美国农业研究局的组织架构图整理所得。

图 9-1　农业研究局组织架构

表 9-1　美国区域性研究中心

地区	地理位置	代表实验室
贝尔茨维尔地区	马里兰州、新泽西州、缅因州、田纳西州、华盛顿州等州	贝尔茨维尔农业研究中心 贝尔茨维尔人类营养研究中心 国家植物园

（续）

地区	地理位置	代表实验室
中南部地区	肯塔基州、田纳西州、路易斯安那州、密西西比州和亚拉巴马州等州	国家生物控制实验室 作物科学研究所 全国泥沙实验室 棉花结构和质量研究室
中西部地区	俄亥俄州、印第安纳州、伊利诺伊州、密歇根州、密苏里州、艾奥瓦州、威斯康星州和明尼苏达州等州	国家土壤侵蚀研究实验室 国家土壤耕作实验室 大豆、玉米种质，病理学和遗传学研究 玉米、大豆和小麦品质研究
北大西洋地区	缅因州、马萨诸塞州、纽约州、宾夕法尼亚州、特拉华州、马里兰州、西弗吉尼亚州等州	新英格兰植物、土壤和水资源研究实验室 阿巴拉契亚水果研究实验室 罗伯特·威廉·霍利的农业与健康研究中心
北部平原地区	科罗拉多州、堪萨斯州、蒙大拿州、内布拉斯加州、北达科他州、南达科他州、犹他州和怀俄明州等州	国家遗传资源保护中心 红河谷农业研究中心 美国肉类动物研究中心 粮食和动物健康研究中心 硬质小麦遗传学研究
西太平洋地区	阿拉斯加州、亚利桑那州、加利福尼亚州、夏威夷州、爱达荷州、内华达州、俄勒冈州和华盛顿州等州	美国干旱区农业研究中心 圣华金河谷农业科学中心 美国盐度实验室 对果实的生理和病理的研究 蔬菜和饲料作物生产研究
南大西洋地区	佛罗里达州、乔治亚州、北卡罗来纳州、南卡罗来纳州、波多黎各、美属维尔京群岛等州或地区	国家花生研究实验室 入侵植物研究实验室 美国园艺研究实验室 理查德·罗素研究中心 柑橘和其他亚热带产品研究
南部平原地区	阿肯色州、新墨西哥州、俄克拉何马州、得克萨斯州等州，同时包括位于巴拿马城的一个国际站点	戴尔邦珀斯小农场研究中心 儿童营养研究中心 草地、土壤和水资源研究实验室 家禽养殖和产品安全研究

此外，农业研究局还建立了3个海外研究实验室，分别是欧洲生物控制实验室、澳大利亚生物控制实验室和华美生物控制实验室，并且和加拿大、澳大利亚、中国、巴西等61个国家和地区共同开展了多项国际项目的研究（附录Ⅰ）。农业研究局主要通过国际研究项目办公室对这些国际项目和活动进行管理，并与国际战略合作伙伴建立合作关系，可以提高美国农业研究局国家计划的效率以及影响力，进一步推动美国政府实现目标。国际研究项目办公室的项目一般集中在

粮食安全、生物安全以及国际合作伙伴这三个领域。

3. 农业研究局的研究项目

农业研究局目前正致力于实施包括营养、食品安全与质量，动物生产与保护，作物生产与保护，自然资源与可持续农业系统等 4 大领域在内的 15 个国家计划，接近 700 个具体的研究项目，这些项目为美国培养了大批高级农业科研人才。具体来说，营养、食品安全与质量方面有 3 个国家计划，分别是人类营养、食物安全（动物和植物产品）、产品质量与新用途；动物生产与保护方面有 4 个国家计划，分别是食物动物产品，动物健康，兽医、医学和城市昆虫学，水产养殖；作物生产与保护方面同样有 4 个国家计划，分别是植物遗传资源、基因组学与遗传改良，植物病害，作物保护与检疫，作物生产；自然资源与可持续农业系统方面也有 4 个国家计划，分别是水资源利用和流域管理，土壤与水，草、饲料和牧场农业生态系统，可持续农业系统研究等。

在植物遗传资源研究与开发利用方面，美国农业部农业研究局负责国家植物种质资源系统、农业研究局菌种保藏中心、国家根瘤菌种质资源库、国家动物种质计划、国家无脊椎动物遗传资源库、美国农业部全国线虫采集库、美国国家植物园、美国国家真菌保藏中心等的科学收集和基因库，这些机构在植物种质资源的保护和创新利用上发挥了非常重要的作用。美国国家植物种质资源系统的核心组成包括国家遗传资源保护实验室、国家种质资源实验室、若干保存种子的种质库和保存营养繁殖作物种质资源的种质圃。1990 年，美国国会将国家遗传资源计划纳入国家公法，并授权美国农业部实施。该计划的运转经费主要来源于国会的指定拨款，地区性条件能力项目也对其有经费支持，以建立起一套规范的种质资源收集、鉴定、编目、保存和分发的规范运行体系。美国国家植物种质资源系统与公共部门、私有部门有密切的合作关系，如很多国家植物种质资源系统的种质库（圃）都设在州立大学内，这些大学提供实验室、办公室、温室和大田设施及技术支撑人员。私有部门则是国家植物种质资源系统所保存种质资源的主要用户，也是培育植物新品种的主要力量。

1990 年，美国国会授权成立了国家遗传资源计划，并每 5 年制定一次"五年行动计划"。在种质资源方面，美国实施了两大国家计划，一个是针对植物领域实施"国家 301 计划"，另一个是针对动物领域实施"国家 101 计划"。2017

年 5 月，美国农业部农业研究局发布了"301 计划"——《植物遗传资源、基因组学和遗传改良行动计划 2018—2022》。该计划包括作物遗传改良、植物与微生物遗传资源和信息管理、作物生物学和分子过程及作物遗传学、基因组学和基因改良的信息资源与工具等内容，旨在利用植物的遗传潜力推动美国农业转型，帮助美国成为全球植物遗传资源、基因组学和基因改良方面的领导者。

4. 国家计划项目的管理方式

为确保上述国家研究项目的目标可以实现，农业研究局对国家计划实施了周期性循环管理模式（图 9 - 2），体现了其一系列经常性活动阶段无限循环的特点。

联邦政府比较重视国家计划的相关性，以及研究的质量、效果和影响力，所以在国家计划 5 年为一周期的无限循环管理中突出强调了几个方面的内容。5 年的计划管理周期体现了农业研究局对研究项目进行管理的内容：方案规划和优先级设置、同行评审项目的科学价值、项目实施、项目协调和评估。周期性的管理方式将这些活动按顺序紧密地联系起来，以 5 年为周期来考察研究项目的实施情况，然后根据各种反馈与评估结果，对其进行调整并提出新的研究计划，进入下一个循环周期。如此，农业研究局对国家研究项目的有效性和高效性就可以进行切实有效的管理。

图 9 - 2　国家计划的周期性循环管理模式

资料来源：《美国农业研究局战略计划 2012—2017》。

（二）美国农业推广体系及其运行机制

1. 美国农业推广体系

教育、研究、推广"三位一体"的美国农业推广体系，展现了美国农业发展的重要经验。该体系主要由三个层面构成，分别是国家食品和农业研究所（原为联邦层面的农业科技推广局），联邦农业部设立在各州、各县的农业科技推广站，每个层面的农业科技推广机构都有其独特的组织结构模式。其中，各州的农业科技推广站居于核心地位，而广泛分布在全国 3 000 多个县的农业科技推广站则是该体系的主体力量。各个机构之间既相互独立又保持着密切的关系，共同构成了一张农业技术服务体系网，为农业技术的推广作出了巨大贡献。

目前，美国农业科研成果转化机制成熟，效果良好，成果转化率达到 80％，居世界领先地位。这不仅为美国的发展带来了很多益处，如提高了美国的农业竞争力、支持了美国的部分经济等，还切实保障了美国民众的生活水平，如加强了食品供应与安全的保障等。

美国科研成果转化的高效率，归功于各级农业科技推广部门的紧密联系与密切配合。美国农业科研成果转化机制具体实施过程，如图 9 - 3 所示。

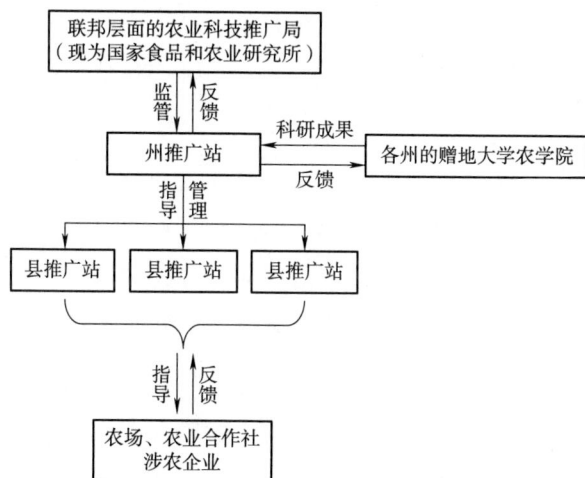

图 9 - 3　美国农业科研成果转化机制

其中，联邦农业推广机构是设在美国农业部内的食品和农业研究所，隶属美国农业部，负责制定和执行与农业科技推广有关的法律法规和方针政策，属于监管部门，在美国农业科技推广体系中处于最高地位，是整个体系的核心。所长通常从各州农业科技推广站主任中选拔，然后由农业部部长任命。其下设信息技术办公室、财务管理办公室、国际项目中心、青年发展处等多个部门，分别从事农业信息管理、经费管理、国际项目管理、青年营养与健康等问题的研究、教育和推广工作。

联邦农业推广机构在各州设立农业科技推广站。这些推广站的主要职能包括两个方面：一是对各州的推广工作进行整体布局，并对推广工作的业绩进行评估，分配推广资金，协调农业部、州赠地大学农学院、州推广站、县推广站之间的合作，使之更好地成为一体；二是指导并帮助县农业科技推广站履行职责，如对县农业科技推广人员进行教育与培训，提高其专业技能；指导县农业科技推广站进行推广活动的组织及其日常工作的管理；在县推广站无法独立完成任务时，对其提供技术、信息等方面的支持与帮助。州推广站站长由当地赠地大学农学院院长兼任。这种做法不仅将各个机构紧密地联系在一起，还有利于高效、及时地进行农业教育、科研和推广的一体工作。这也是美国农业推广的一个显著特点。

联邦农业推广机构设立了县级农业科技推广站，推广站由专业人员、秘书和乡村领导人组成，是美国农业科技推广体系最基层的组织，也是其主体部分。县农业科技推广站的职能主要包括两个方面：一是维护农民的利益，指导他们进行农场的管理和农业科技的应用；帮助他们诊断农场经营中出现的问题，并寻找解决办法；组织农民，加强他们之间的合作、交流与沟通；面对环境的急剧变化，及时向农民传达农业信息的变化动态，为农民提供咨询服务，并帮助其寻找相应的对策。二是双向沟通的作用，因为县农业科技推广站既是州推广计划的实施者，又直接面对广大农场主与农民，可以收集有关农业及农业科技应用的一手问题及丰富资料，并向上级及时反馈，实现双向沟通，成为连接联邦政府和农场主的桥梁。这样，极大地提高美国在农业科技体制中投入的人力、物力、财力的利用效率，避免了农业科技研发的盲目性，真正从农场主和农民的需求出发，实现了高效且针对性的服务。据统计，目前美国70％以上的专业推广人员都在县一级开展工作。

另外，农业院校的推广中心和推广站也充分运用计算机网络、广播电视等各种途径和手段，不仅把最新的农业科技信息和学校的研究成果迅速传播给当地农民，还提供医疗、法律、家庭经济方面的咨询服务，通过 4H（Heart、Head、Hand、Health）俱乐部，他们还对农村青少年进行素质教育。

美国农业科技推广体系的 3 个层级机构之间的纵向联系，再加上 3 个层级推广机构与各类赠地大学农学院之间的横向联系，共同构成了其完整体系，为美国先进的农业科技生产提供了全方位的服务，实现了科研成果的高效转化，巩固了美国世界第一农业强国的地位与优势。

2. 美国农业科技研发经费

（1）科技研发经费的构成。美国大部分的农业增长，都得益于其不断提高现有资源的生产力，而非依赖于引进新的资源投入生产。这就造成美国的农业经济增长高度依赖农业科技的研发支出，这也成为美国提高生产力的主要驱动力。

美国农业科技研发和推广的资金来源渠道广，主要包括联邦政府、州政府和私营机构等，这些都为美国农业创新做出了重要的贡献（表 9-2）。

表 9-2　美国各级农业科研机构研发经费的主要来源

科研机构	研发经费的主要来源
联邦农业部所属研究中心及试验站、推广站	来源于联邦政府拨款
各州农业科研机构	一是联邦农业部拨款，约占 25%； 二是各州政府预算拨款，约占 35%； 三是其他联邦机构向州农业试验站提供 17.5% 的研究经费； 四是与私营企业签订的合同经费、赠款及其他，约占 22.5%
私营科研机构	几乎全部是由私营企业负责，国家资金资助很少

资料来源：根据美国总统行政办公室和总统顾问委员会 2012 年的报告《农业防范和农业企业研究报告》中的数据整理所得。

联邦政府对农业研究体系的支持支撑着整个系统，是州政府、私营科研机构开展农业研究的基础。一旦联邦农业研发经费支出下降，就会引发一连串的波动，很可能造成州政府和私营机构农业研发支出的同步锐减。

美国农业科技体制的显著特点是机构之间紧密关联。例如，各州的农业科研机构不仅从州政府获得大量资金支持，还接受来自美国农业部和其他联邦机构的各种资助。而私营科研机构和美国农业部也通过合作协议、合同和信托基金等方式进行资金互换和联合研究。

当前，美国农业科研经费的投入主要是政府投入和私人投入。近年来，私人投入的比例越来越高，已经超过50％。而美国的农业科技推广经费则由联邦政府、州政府、县政府和个人共同负担，其中联邦政府拨款占29％，州政府拨款占47％，县政府和私人赞助共占24％。

美国每年投入一百多亿的科研经费用于如食品供应和安全、营养和肥胖、城乡相互依存和繁荣、自然资源、能源和气候等各类农业科研项目。美国农业部农业研究局制定了《2012—2017年美国农业研究的目标和战略计划》，该计划围绕营养、食品安全与质量、自然资源与可持续农业系统、作物生产与保护、畜牧生产与保护等方面制定了农业研究的各项目标和研究内容。为了与这一计划相匹配，项目经费的分配比例也有所侧重，如在食品供应和安全、营养和肥胖、城乡相互依存和繁荣等项目上的经费比例相对较高。

（2）经费来源不同的农业科研侧重不同。公共农业研发部门（资金来源为联邦政府、州政府和一小部分私营机构）的研究更侧重基础科学研究，而其在基础科学上的创新也为私人研发新技术的商业化创造了有利的机会，并且大大鼓励了农民应用新技术的积极性。快速发展的生物科学、杂交技术和扩大化的知识产权保护，这三项内容大大提高了私营机构对农业研发投入的兴趣。

在过去的40年中，不同机构在农业研发方面的投入都有所增加，目前投入资金总额约为110亿美元。其中，从1980年至今，公共部门的农业科研经费增长停滞，但私营机构的资金投入却持续增长，甚至反超了公共部门在农业科研方面的投入。

尽管公共部门和私营机构的研究主题可能存在重叠，但在很多方面，他们更多是互补关系而非竞争关系。公共部门的科研投入侧重农业基础方面的研究和具有公益性质的研究，如环境保护、营养与食品安全等。这些研究往往周期长、短期收益少。而私营机构的科研投入更侧重能直接应用于生产，具有市场潜力和高额利润的开发性和应用性研究。具体而言，联邦层次的农业科研一般涉及国家层面的重要命题；州政府的科研则侧重地区适用，但其资助的赠地大学等学术科研机构所研究的问题范围相对更广。由于私营机构的最终目的是盈利，所以其农业科研最接近市场，主要集中于相应的农产品研发与销售。

三、 美国赠地大学在农业科技体制中的作用

美国十分重视赠地大学在农业科技体系中的作用，并根据农业发展的实际需求扩大赠地大学的规模。1862 年，美国国会通过了《莫雷尔法案》（Morrill Land-Grant Act)。该法案规定，各州凡有国会议员一名，即可获得联邦拨赠的 3 万英亩土地，用以维持、资助至少一所学院。这些学院主要开设有关农业和机械技艺方面的专业，培养工农业急需的人才。1890 年，美国政府颁布了第二次《赠地法案》，继续向各州赠地学院提供资助。这些学院后来多半发展为州立大学，成为美国高等教育中的一支重要力量。据统计，美国各州共有 110 所具有"赠地身份"的院校，遍布全国。其中，"1862 赠地大学" 57 所、"1890 赠地大学" 18 所、"1994 赠地大学" 35 所（附录Ⅱ）。

赠地大学的农学院有三个方面的职能。一是作为执行基础研究的主体。赠地大学致力于农业的基础性研究，并取得了许多基础性、前瞻性的理论成果。二是作为培养农业人才的基地。赠地大学承担着教育的职能，为国家培养了大量高素质、职业化的综合性农业人才。三是作为普及农业科学技术的主力军。赠地大学农学院通过与州、县农业科技推广站的密切合作，使最新的农业科研成果在广大农民那里得到较好的推广与应用。因此，许多赠地大学农学院教授的工作时间都进行了合理分配，一半用于教学与科研，一半用于农业推广与试验工作，这种安排保证了科研、教学和实际生产的一致性和有效性。这些赠地大学为当地的农业发展提供了人力支持和技术保障，作出了巨大的贡献，已成为服务当地农业的主体力量。

四、 私人企业系统在农业科技体制中的作用

美国的私人企业，包括一些大型或跨国私人企业，同样也是美国农业科研的重要力量。美国有数百家与农业有关的厂商从事研究工作，特别是大型企业大都设有研究中心、实验室或试验站，主要从事技术开发、新产品试制方面的研究。

私人企业已经成为美国农业科技创新的主要驱动力，其研发投入约占全国研发总投入的 70％。各州的农业试验站有 19％左右的经费来自私人企业的赠款，这些企业涌现出了先锋、孟山都、杜邦等大型跨国种业集团。这些大型的种业企业、农业化学企业和食品企业大都设有研究中心、实验室或试验站，农业研究力量雄厚。它们主要集中在开发研究和创新技术的商品化领域，集科研、推广、经营于一体，是一种完全市场化的经营方式。

五、美国农业科技体系的特点

（一）农业科技推广体系的垂直管理

美国的农业科技推广体系采用垂直管理的方式，主要由国家食品和农业研究所、联邦农业部设立在各州、各县的农业技术推广站这三个层次构成。州农业技术推广站由州赠地大学农学院设立。

除了食品和农业研究所的工作人员，设立在州、县的农业推广站的工作人员也都属于联邦政府职员。联邦政府对这些职员进行统一管理，包括共同的绩效与工资管理标准。同时，联邦政府又允许各地的推广站根据地域、风俗习惯等特点，进行适当的特色管理，如发放不同的补助等。这种垂直管理体系不仅保证了管理的有效性和及时性，有利于及时反馈各种信息，其"静中有变"的灵活管理方式还体现了以人为本的特色，利于激发员工的积极性和潜能。

（二）科研、教育和推广一体化

美国政府很好地将农业的科研、教育和推广三项任务融为一体，形成了极具特色的"三位一体"的体系。它以赠地大学农学院为中心和依托，开展多层次合作，使农民能够多方面、多角度受益。该体系可以更加有效地利用资源，提高农业科技成果转化效率，对美国的农业发展起到重要作用，是美国农业发展的重要经验。该体系的特点集中体现在由州赠地大学农学院作为美国农业科技体系的枢纽，将教育、研究、推广这三项任务紧密结合，共同为农业生产服务，提高其效率。

美国政府十分重视赠地大学农学院和农业研究实验室的工作，每年投入大量的人力、物力、财力予以支持。同时，政府也十分重视农业人才的教育与培训，力求将最新的科学知识传授给学生，将最好的技术和信息推广给农民，并将推广过程中发现的问题及时反馈给科研机构，以便进一步研究解决。

（三）科研项目管理严谨

美国科研项目一般由科学家自主申请，申请者需向其大学和农业研究局详细阐述所申请项目的研究目的和未来经费的使用情况。随后，农业研究局会召集相关科学家评估申请项目，并在农业部经费管理办公室备案。项目评选遵循优胜劣汰原则，如果项目获得批准，有关机构则将经费拨付给大学或农业研究局，而不是项目申请者个人。此外，每年都会对在研项目进行评估，主要考察是否完成当年既定的目标与任务，如果没有完成就要重新评估该项目的可实施性与有效性，并据此决定是否继续拨款。

另外，一般各州赠地大学农学院的教授都要同时承担教学、科研和推广三项任务，这三项任务的完成情况直接关系他们的晋升机会，如果某位教授只注重教学而忽略其他任务，他很可能无法得到晋升。每个教授在三项任务上的工作量分配比例不同，有的教授科研与教学任务对半分，有的则为 75％与 25％，还有的三项任务的工作量比例分别为 50％、25％和 25％。

（四）以法律作为保障，推动农业科技创新体系建设

在美国农业科技创新体系的建设历程中，有三部具有里程碑意义的法案，分别是《莫雷尔法案》《哈奇法案》和《史密斯·利弗法案》。它们分别推动了州赠地大学农学院的成立与发展，促进了美国科研、教育、推广一体化模式的形成，使美国逐步构建一个以政府财政支持为基础，以州赠地大学农学院为纽带的农业科研、教育和推广相结合的综合体系，为美国的农业科技进步和经济快速发展作出了巨大贡献。此后，美国陆续出台了多部法案，加大了联邦政府对农业科技研

发、教育和推广的支持力度，有效推动了美国农业科技创新体系的建设，为不同时期美国农业技术的发展提供了法律保障。

参 考 文 献

段莉，2010. 典型国家建设农业科技创新体系的经验借鉴 [J]. 科技管理研究（4）：23-28.

郭丽英，陈印军，罗其友，等，2013. 浅谈美国现代农业的几个特点 [J]. 中国农业资源与区划（12）：158-161.

黄俊，2011. 对我国农业科技创新体系建设若干问题的思考 [J]. 农业科技管理（3）：1-3.

黄文勇，陈然，崔公，2013. 美国高等农业教育在农业发展中的作用与启示 [J]. 世界农业（8）：158-161.

李超民，2009. 美国农业合作推广体系建设与中国科技推广体系展望 [J]. 农业展望（2）：36-39.

卢新雄，辛霞，尹广鹃，等，2011. 作物种质资源库、保护体系与种业振兴 [J]. 中国种业（11）：1-5.

邵小通，2013. 美国农业科技的研发与推广 [J]. 安徽农业科学（7）：3249-3250.

王安国，陈建全，何利辉，2003. 中美农业科技投入与科技体制比较 [J]. 世界农业（11）：15-17.

王春法，1993. 美国农业教育-科研-推广体系的得失观 [J]. 美国研究（4）：44-63.

魏勤芳，2005. 美国农业科技体系及运行机制 [J]. 中国农业大学学报（10）：15-18.

张凤有，2003. 美国农业科技的发展与启示 [J]. 济源职业技术学院学报（4）：1-4.

张昭，杨礼胜，2011. 美国农业重点实验室的管理体制及运行机制（上）[J]. 农业科技管理（6）：33-34.

章冠博，2015. 美国农业现代化的历程及对我国的启示 [J]. 湖北函授大学学报（3）：68-69.

附录Ⅰ：美国农业部农业研究局国际项目合作的国家和地区

美国农业部农业研究局国际项目合作的国家和地区共 60 个，分别是：

北美洲（7 个）：加拿大、哥斯达黎加、危地马拉、洪都拉斯、墨西哥、巴拿马、特立尼达和多巴哥；

南美洲（7 个）：阿根廷、玻利维亚、巴西、厄瓜多尔、巴拉圭、秘鲁、乌拉圭；

欧洲（21个）：阿尔巴尼亚、奥地利、比利时、保加利亚、捷克共和国、丹麦、芬兰、法国、德国、希腊、意大利、荷兰、挪威、波兰、爱尔兰共和国、俄罗斯、西班牙、瑞士、土耳其、乌克兰、英国；

大洋洲（2个）：澳大利亚、新西兰；

亚洲（16个）：中国（含台湾）、阿塞拜疆、孟加拉国、印度、印度尼西亚、以色列、日本、吉尔吉斯斯坦、蒙古国、尼泊尔、巴基斯坦、菲律宾、韩国、叙利亚、泰国、越南；

非洲（7个）：喀麦隆、埃及、加纳、肯尼亚、尼日利亚、南非、乌干达。

附录Ⅱ：赠地大学名单

①1862赠地大学（57所）：

University of Maine（缅因大学）

University of Vermont（佛蒙特大学）

University of New Hampshire（新罕布什尔大学）

University of Massachusetts（马萨诸塞大学）

University of Connecticut（康涅狄格大学）

University of Rhode Island（罗德岛大学）

Cornell University（康奈尔大学）

Rutgers University（罗格斯大学）

Pennsylvania State University（宾夕法尼亚州立大学）

University of Delaware（特拉华大学）

West Virginia University（西弗吉尼亚大学）

University of Maryland College Park（马里兰大学帕克分校）

University of the District of Columbia（哥伦比亚特区的大学）

Virginia Tech（弗吉尼亚理工学院）

North Carolina State University（北卡罗来纳州立大学）

Clemson University（克莱姆森大学）

University of Georgia（佐治亚大学）

University of Florida（佛罗里达大学）

Michigan State University（密歇根州立大学）

Ohio State University（俄亥俄州立大学）

University of Kentucky（肯塔基大学）

University of Tennessee（田纳西大学）

Auburn University（奥本大学）

Purdue University（普渡大学）

Mississippi State University（密西西比州立大学）

University of Illinois（伊利诺伊大学）

University of Wisconsin（威斯康星大学）

University of Minnesota（明尼苏达大学）

Iowa State University（爱荷华州立大学）

University of Missouri（密苏里大学）

University of Arkansas（阿肯色大学）

Louisiana State University（路易斯安那州立大学）

North Dakota State University（北达科他州立大学）

South Dakota State University（南达科塔州立大学）

University of Nebraska（内布拉斯加大学）

Kansas State University（堪萨斯州立大学）

Oklahoma State University（俄克拉何马州立大学）

Texas A&M University（得克萨斯农工大学）

University of Wyoming（怀俄明州立大学）

Colorado State University（科罗拉多州立大学）

New Mexico State University（新墨西哥州立大学）

University of Alaska（阿拉斯加大学 ）

Montana State University（蒙大拿州立大学）

Utah State University（犹他州立大学）

University of Arizona（亚利桑那大学）

University of Idaho（爱达荷大学）

Oregon State University（俄勒冈州立大学）

University of Nevada（内华达州立大学）

Washington State University（华盛顿州立大学）

University of California（加利福尼亚大学）

University of Hawaii（夏威夷大学）

Northern Marianas College（北马里亚纳学院）

University of Guam（关岛大学）

College of Micronesia（密克罗尼西亚学院 ）

American Samoa Community College（萨摩亚社区学院）

University of Puerto Rico（波多黎各大学 ）

University of the Virgin Islands（维尔京群岛大学）

②1890 赠地大学（18 所）：

Delaware State University（特拉华州立大学）

University of Maryland Eastern Shore（马里兰大学东海岸分校）

Virginia State University（弗吉尼亚州立大学 ）

West Virginia State University（西弗吉尼亚州立大学）

North Carolina A&T State University（北卡罗来纳农工州立大学）

South Carolina State University（南卡罗来纳州立大学）

Kentucky State University（肯塔基州立大学）

Tennessee State University（田纳西州立大学）

Alabama A&M University（阿拉巴马农业机械大学）

Tuskegee University（塔斯基吉大学）

Fort Valley State University（瓦利堡州立大学）

Florida A&M University（佛罗里达农工大学）

Lincoln University（林肯大学）

University of Arkansas at Pine Bluff（阿肯色州立大学派恩布拉夫分校）

Alcorn State University（艾尔康州立大学）

Southern University and A&M College（南方大学农工学院 ）

Langston University（兰斯顿大学）

Prairie View A&M University（普雷里维尤农工大学）

③1994 赠地大学（35 所）：

Saginaw Chippewa Tribal College（萨吉诺齐佩瓦部落学院）

Bay Mills Community College（米尔斯湾社区学院）

College of Menominee Nation（梅诺米尼民族学院）

Lac Courte Oreilles Ojibwa Community College（奥吉布瓦社区学院）

White Earth Tribal& Community College（白土部落社区学院）

Leech Lake Tribal College（水蛭湖部落学院）

Fond du Lac Tribal& Community College（丰迪拉克部落与社区学）

Cankdeska Cikana Community College（坎克德斯卡西卡纳社区学院）

Turtle Mountain Community College（龟山社区学院）

Fort Berthold Community College（贝特霍尔德堡社区学院）

United Tribes Technical College（联合部落技术学院）

Sitting Bull College（希亭布尔学院）

Sisseton Wahpeton Community College（西塞顿瓦佩顿学院）

Si Tanka/Huron University（休伦大学）

Oglala Lakota College（奥格拉拉科塔学院）

South Dakota State University（南达科他州州立大学）

Sinte Gleska University（新特格莱斯卡大学私立大学）

Nebraska Indian Community College（内布拉斯加印度社区学院）

Little Priest Tribal College（利特尔普利斯特部落学院）

Haskell Indian Nations University（哈斯克尔印第安国民大学）

Fort Peck Community College（派克堡社区学院）

Chief Dull Knife College（沉闷刀学院）

Fort Belknap College（贝尔纳普堡学院）

Stone Child College（斯通蔡尔德学院）

Little Big Horn College（小大角学院）

Blackfeet Community College（黑脚族社区学院）

Salish Kootenai College（萨利希库特耐学院）

Northwest Indian College（西北印第安学院）

Deganawidah-Quetzalcoatl University（德加纳维达－奎茨尔科亚特尔大学）

Dine College（迪内学院）

Navajo Technical College（纳瓦霍技术学院）

Institute of American Indian Arts（美国印第安艺术学院）

Southwestern Indian Polytechnic Institute（西南印第安理工学院）

Tohono O'odham Community College（托何那奥丹部族社区学院）

Ilisagvik College（伊利萨维克学院）

第十章

美国农村能源政策

美国作为农业大国，其农业年能源消耗量约占全国能源消耗总量的 16.5%。受环境、生活条件和生产因素的影响，农村人均能源消耗量高于城市人均能源消耗量。因此，农村地区是美国能源政策关注的重点。

20 世纪 30 年代，美国为应对经济大萧条，以"电气化"为主题的农村建设之路悄然开启，这标志着美国农村能源政策的起步。此后，该政策相继经历了能源安全政策的强化阶段（20 世纪 70 年代）、完善阶段（20 世纪 80 年代至 90 年代），并在 21 世纪后开始转向能源供给多元化和清洁能源的发展阶段。纵观美国农村能源政策的演变，其主要围绕着成本优化和环境问题的应对。

一、 美国农村能源的开发与利用

美国是世界农业大国之一，但在其农业不断发展的过程中，也暴露出了严重的能源消耗问题。美国农业是典型的石油化学农业，其集约化、机械化的生产方式使得美国农业生产对能源消耗巨大。同时，由于美国农村地区地广人稀，与大型电网隔离，其能源成本相较城镇也更高。对此，为了满足农业生产和农村生活对能源的需求，美国政府、各大高校和研究机构都开展了针对农村能源开发和利用的研究。现阶段，美国农村的主要能源有以下几种。

（一）化石能源

化石能源包括煤炭、石油和天然气等埋藏在地下和海洋里的不可再生燃料资源。1776 年 7 月 4 日美国宣布独立。美国独立之初以农业大国自居，由于生产技术水平较低，对能源的开发还不全面，当时使用的所有能源都是可再生的，其中木柴因可以重新种植，成为美国农村生产生活的首选燃料。此后，煤炭业崛起，直到 1950 年石油取代煤炭成为美国消耗量最大的能源。从 2021 年美国能源消费结构来看，石油、天然气和煤炭仍是美国消耗的三大能源，各自占比分别为 43.4%、23.8% 和 11.9%，其中煤炭是美国用于发电的主要能源，自 1980 年以来，煤炭的发电量已占美国发电量的 50% 以上。

美国农业生产对化石能源具有高度依赖性，这体现在直接消耗和间接消耗两方面。直接消耗包括在播种、耕作、收割、烘干和运输过程中消耗的化石能源；间接消耗则包括在生产农药、化肥和营养素等农业投入品时消耗的大量化石能源。数据显示，美国农场每生产3 000亿千克粮食需要消耗6 000万～7 000万吨石油、800万吨钢铁和大量的磷、钾等肥料。

在美国，天然气和电力是居民家庭最常用的能源资源。其中，供暖是美国能源消耗中最大的一项，主要使用天然气和取暖用油。电力则主要用于照明以及为冰箱、电脑等家电设备供电。由于取暖期极其漫长，美国东北部和中西部地区农村家庭能源消耗量相对较大。

（二）生物燃料

生物燃料又叫生物能源，是指以利用广阔的农产品为生产原料，从而替代传统化石能源的可再生能源。生物燃料主要由生物柴油和生物乙醇构成，美国的生物燃料绝大多数都由玉米和大豆等粮食作物制成。由于美国玉米作为饲料、种子、食用的消费量增速缓慢，而发展玉米乙醇能够提高农村居民的能源自给率和农户自身收入水平，因此美国农村居民种植玉米用以发展玉米乙醇的积极性更高。据统计，2019—2020年美国玉米产量达3.6亿吨，约占全球产量的1/3，其中40%的玉米都用于燃料乙醇的制造。然而，值得注意的是，生物燃料的使用在给美国农村注入新经济活力的同时，也给美国农村带来了土地营养物流失和水污染等方面的风险。密歇根大学的一项调查指出，在能源当量的基础上，生物燃料的温室气体排放风险甚至高于传统化石燃料，后来的事实印证了这一点。美国对生物燃料的盲目追求导致农田被无节制使用，土地营养物不断流失，过量施用的化肥农药也给水环境造成了污染，进而引发了生态圈的失衡。

（三）生物质能

生物质能的消耗约占世界能源总消耗的14%，仅次于石油、煤炭和天然气。美国生物质能的主要原料来自各大农场的农业废弃物及木材厂或纸厂的森林废弃物。相较于生物燃料，生物质能在推动美国农村经济发展方面更具潜力。据美国能源部和农业部 2003 年联合发布的《生物质技术路线图》政策性报告，预计到 2030 年，美国生物基化学品将替代 25% 的有机化学品和 20% 的石油燃料。由于生物质发电量甚至高于风、光能源发电量总和，因此成了美国农村配电系统不可或缺的一部分。有关美国农村生物质能的利用状况介绍如下。

（1）农作物秸秆的利用。秸秆是美国农业可持续燃料的一大原材料。目前，美国农村地区处理秸秆的方式主要包括秸秆还田和秸秆发电。其中，秸秆还田是处理秸秆的直接办法。秸秆中富含多种微量元素，通过还田不仅能够提高土壤养分，还能够有效改善土壤结构，减少因焚烧秸秆而带来的空气污染。美国威斯康星大学的研究也发现，通过"秸秆－沼气－肥料"的循环模式可以实现资源的可持续利用，通过利用生物技术亦可将秸秆研制成绿色环保燃料进行燃烧获能。

（2）畜禽废弃物资源化利用。畜禽废弃物中含有丰富的有机物，如氮、磷、钾等元素及微生物细菌等，经过处理可以作为肥料和饲料。畜禽粪尿通过与其他秸秆废弃物搅拌混合，在特定的环境温度条件下，也可以产生沼气。沼气系统为农场支持循环经济和创造巨大环境效益提供了一种闭环模式。通过厌氧处理粪便，可消除臭气并提高消化物的营养价值，改善土壤结构；厌氧消化的副产品也可直接生产成用于农场的可再生电力、热能或天然气。据悉，美国农业部国家食品与农业研究所于 2020 年拨款 1 000 万美元，用以强化美国农村地区的沼气利用，以及研究更为廉价、高效的生物质和粪便燃料转化方法。

（3）生产生活垃圾的利用。对垃圾的能源利用主要体现在两个方面：一是通过对燃烧值较高的垃圾进行高温燃烧，将产生的热能直接转化为电能；二是对不能燃烧的有机物采取发酵、厌氧处理和干燥脱硫的方式，形成沼气，经燃烧后再转化成电能。2005 年 8 月 8 日，美国总统布什签署了《国家能源政策法—2005》，将垃圾焚烧发电纳入可再生能源范畴，并在获得可再生能源"生产税收减免"（Producion Tax Credit）和纳入联邦政府可再生能源采购范围两个重要方面给予了政策支持。美国明尼苏达州农场建立的农场垃圾发电站就是垃圾资源化利用的成功实践。通过建立农场垃圾发电站，不仅解决了农场周围居民的垃圾处理问题，还实现了变废为宝，助力广大住户实现能源自给。据悉，截至新冠疫情暴发之前，美国已经建立了超过 450 座生物质发电站，以沼气利用、农业垃圾发电为主的生物质能已经成为农村乡镇地区的主要能源。

（四）风、光等清洁能源

美国农村地区拥有广阔的公共空间，这些地区不仅远离大型电网，还具备开发风、光发电项目的天然优势。以美国蒙他拿州农电合作社和风电机构为例，他们非常关心和支持风力、光能发电并入农电系统项目，并积极向风、光电投资者提出建议，使其更能满足农电合作社的市场需要。同时，风、光能源投资也给农村地区土地所有者的收入、税收和就业带来影响。如当地农民通过出租土地用于风、光能源项目开发可获得租赁收入，在此基础上还可能享受其他补充收入，如发电补贴、财产税、销售收入税等。就业方面，风、光能源项目还可减少农村人才流失，为农村地区提供了在项目开发、建造和维护等方面的就业机会。尽管风、光电的成本较高，但考虑不需要修建长距离输电线路和配套的变电站，以及能够更好地促进美国农业农村的发展，因此这是可以承受的。此外，美国农电提供的低息贷款也促进了风能、太阳能等可再生能源的开发利用。

二、 美国农村能源政策的演变历程

围绕美国农村能源的开发和利用，美国政府制定了一系列政策。这些政策自存在至今可分为四个阶段。第一阶段是早期能源政策发展阶段。此阶段美国农村能源相关政策制定的初衷在于解决农村能源严重短缺问题，有关农村能源的开发和利用较少受到政府约束，政策法规也不完善。第二阶段是能源安全政策强化阶段。由于受到能源危机的影响，美国政府开始重视能源独立，并逐渐对农村地区的石油、天然气、煤炭等能源的开采和利用制定监管政策，以确保能源安全。第三阶段是能源政策完善阶段。这一阶段美国经济向后工业化转变，能源供需矛盾得到较大缓和，该阶段的农村能源政策在一定程度上得到了完善。第四阶段是推进清洁能源发展政策阶段。进入 21 世纪后，地缘政治复杂多变，美国重新考虑能源安全问题，并通过大力推进农村地区风、光等清洁能源的发展，增加能源供给渠道，实现农村能源供给的多元化。具体演变阶段如下。

（一）能源政策早期发展阶段 （20 世纪 30 年代至 60 年代）

20 世纪 30 年代至 60 年代为美国农村能源政策早期发展阶段。这一阶段，美国农村能源的研究、开发和利用进程较慢，且主要以煤炭、石油、天然气等化石能源和核能发电作为日常生产生活所需能源的来源，有关农村能源的政策主要集中在对电气化的推广与对化石能源的监管上。20 世纪 30 年代，美国正值经济大萧条时期，农产品过剩导致农产品价格下跌、大量农场主破产。为应对这一危机，美国采用了凯恩斯主义，加速了农村基础设施的建设。

1935 年，美国成立了农村电气化管理局（Rural Electrification Administration）。1936 年，美国颁布了《农村电气化法案》，该法案通过为农村电气化设施建设提供低息贷款，大大推动了美国乡村地区的电气化进程，被认为是美国农村能源政策发展的开端。在这项法案支持之下，1935—1960 年美国由中央变电设备送电的农场比例从 10.9％上升到 97％。1938 年，美国成立联邦动力委员会（Federal Power Commission），并制定通过了《天然气法》。1950 年，随着低成本的中东石油的崛起，美国石油市场开始受到冲击。为应对这一变化，1959 年美国制定并实施了"强迫限制石油进口计划"，该计划抑制了美国进口国外石油，国内石油价格大幅上涨，在大大增加美国农业生产成本的同时，也显著提升了美国农村居民生活成本。1954 年《原子能法》的通过使得私人公司开始建造核反应堆用于发电。该法促进了联邦政府对"开发和应用民用原子能"的支持，从此核能开始被用于民间发电。20 世纪 50 年代，美国超过 90％的农场和牧场获得了电力服务。

（二）能源安全政策强化阶段（20 世纪 70 年代）

1973 年，石油输出国组织开始实行"石油禁运"，该禁运于 1973 年 10 月开始，一直持续到 1974 年 3 月。禁运当月，美国的石油进口量较 9 月份下降了 120 万桶（总量的 19％）。由于进口石油占美国石油消费总量的 34％，进口量的下滑直接导致美国石油供应出现了紧张局面。能源危机的爆发迫使联邦政府不得不重新审视其已难以适应当前能源需求过时的法律架构。这一时期，美国意识到能源独立的重要性，并开始着手制定完备的政策法规监管能源的使用。对此，美国先后颁布了《紧急石油分配法案》《能源政策与节约法案》《能源政策和储备法》《原油暴利法》，逐步加强了对石油进口、出口、使用、产量、价格等方面的控制，力求尽快走出能源危机，确保国家能源安全。石油的禁运致使人们普遍预期煤炭价格会上涨，不少投机者开始大量囤积煤炭等待高价卖出。为了应对这种情况，1976 年美国颁布了《联邦煤炭租赁法修正案》，该修正案主要是对 1920 年《矿产租赁法》中涉及煤炭的内容进行修改，以抑制煤炭租约的投机行为，稳定煤炭价格，确保农村地区煤炭的供应量和煤炭发电的稳定。这一阶段，油价有了较高的增长，《能源政策与节约法案》的颁布也较大程度地限制了农村居民随意使用能源的行为，农村居民生活成本提高，农业生产活动受到了严重影响。1978 年 10 月，卡特总统签署了《国家节能政策法案》，这是美国最早的一部综合性能源政策法案。其不仅授权提供资金支持农村家庭的节能计划，对低收入家庭提供额外补助，实施了太阳能和节能贷款计划，资助医院和学校进行节能改造，还责令能源部对家用电器设定能效标准。其中，《能源税收法》的颁布使农村家庭在安装保暖隔热层或太阳能热水供暖系统时可以享受税收优惠，而在使用高油耗汽车时会受到相关惩罚。

（三）能源政策完善阶段（20 世纪 80 年代至 90 年代）

20 世纪 80 年代至 90 年代，美国经济经历了向后工业化的转变，同时应对了石油危机的考验，能源结构得到了有效调整，能源供需矛盾也得到较大缓和，能源政策在此阶段有了较大程度的完善。20 世纪 80 年代，美国政府对石油、天然气等化石能源逐渐采取了价格放开政策，试图利用市场机制来实现"能源独立"。1981 年，里根政府颁布了《解除石油价格和分配规制法案》，明确提出取消政府对油气市场的管制，转而采用市场机制来促进美国的"能源独立"。1985 年，联邦能源监管委员会通过"436 号法令"，开放了州际天然气运输业，解除了对天然气的价格管制；1989 年，美国总统乔治·布什签署了《放开天然气井口价法案》，美国政府从此彻底解除了对天然气价格的所有管制。直至 1992 年，美国政府出台了《能源政策法案》。该政策方案兼顾了市场价格机制的自发调节作用和政府的计划指导作用，既注重提倡节能、提高能效，也注重国内替代能源的开发和利用。该法案的颁布有力保障了美国农村居民的能源供应，使农村地区居民不再担心因能源供需失衡而导致的价格变动给他们生产生活带来的影响，美国的整体社会福利水平也得到了显著提高。

（四）向能源供给多元化和清洁能源政策发展阶段（21世纪以来）

20世纪70年代初，为保障国家安全和应对环境问题，美国的能源政策开始展现出对可再生能源的推广。但此时期可再生能源技术尚未发展成熟，且受限于成本因素，仍以化石能源为主。进入21世纪后，太阳能光伏和风能系统成本的急剧下降，以及系统性能的改善，使这些可再生能源技术在经济上更具吸引力，可再生能源的利用率迅速提升。

美国的能源政策逐渐转向推进节能及大量使用清洁能源，实现能源供给的多元化，这主要包括采用财政激励、规章制度和采取其他行动来促进绿色能源产品进入市场（图10-1）。其中，可再生能源投资标准、燃料生产公开和强制性绿色能源选择等措施已在许多州得到广泛实施。农村地区作为可再生能源的主要生产区域，是政策关注的重点，尤其是对于太阳能、水能、风能、生物质能和地热能等主要可再生能源而言，农村地区拥有突出优势。得益于农村丰富的土地资源和开阔的空间，美国近一半的风力发电量来源于农村地区，风力发电项目也被认为是支援农村经济发展的一种有效手段。2000—2018年，美国的累计风力发电容量从2.6 GW增加至97.6 GW，其主要得益于农村地区的贡献。

为进一步推动可再生能源的利用，2014年的美国农业法案对能源利用提出要求，明确强调了美国农村能源项目的宗旨是提高能源效率，开发可再生能源，而不是改善能源输出。该法案通过创建"农村能源和生物经济项目"（Rural Energy and the Bioeconomy）和再次批准的美国农村能源项目，为全新的农村能源经济发展创造了机遇。2022年1月19日，美国农业部宣布斥资1 000万美元启动农村清洁能源试点计划，试图帮助服务欠缺的农村社区降低能源成本。该计划在农村城镇开发了装机容量不超过2兆瓦的可再生能源项目，并部署了相关基础设施，具体的技术选择包括太阳能、风能、地热能、微型水电和生物质能等。

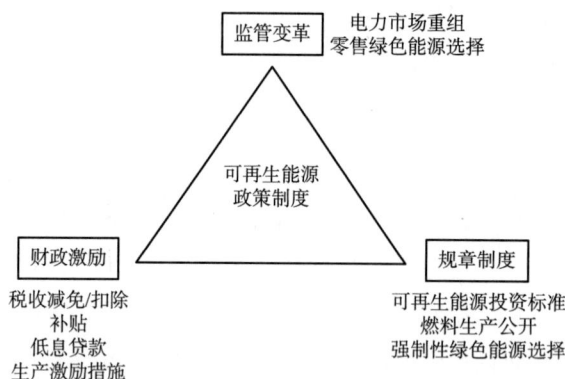

图 10-1 可再生能源政策制度

注：依据门兹（Menz）和瓦尚（Vachon）（2006）制图。

三、美国农村能源政策的具体内容

在了解了美国农村能源政策的演变历程之后，本节将对美国现阶段农村能源政策的具体内容进行介绍。该部分内容主要分政策类型和政策措施两个部分进阐述。其中，政策类型从对化石能源政策、新能源与可再生能源政策两方面展开，政策措施从激励和约束两个角度进行详尽论述。具体来说，约束型政策措施分为强制购买、限制开发和取消补贴，激励型政策措施分为基金支持、税收减免和贷款支持。

（一）政策类型

1. 对化石能源的政策

拜登政府能源行政令。2021 年 1 月 20 日，拜登在其上任首日即签署了 17 项行政命令，其中两项与能源相关，即重新加入《巴黎气候协定》和取消基石 XL（Keystone XL）输油管道，下令有关部门审核和纠正特朗普任内超过 100 项有关环境的政策。此外，针对特朗普任期内通过的《外大陆架土地法》，拜登提出了禁止在公共土地和水域颁发新的石油和天然气开采许可，该提议将直接影响美国农村地区的原油和天然气供应。

《清洁空气法案》。2022 年 6 月 30 日，美国最高法院以 6∶3 的投票结果，限制美国环境保护署利用《清洁空气法案》来减少温室气体排放的权力。该法案要求美国内政部和美国环境保护署负责"限制化石能源开发"，撤销特朗普时期鼓励油气生产的行政命令，加强联邦政府对环保的监管，制定严格的排放准则。其颁布有效促使农村地区排放二氧化碳最多的燃煤电厂关闭，亦有效促使农村公用事业部门从化石燃料的开发利用转向风能、太阳能和其他清洁能源的开发利用。

2. 对新能源和可再生能源的政策

国家利益输电走廊计划。近年来，由于石油和天然气等一次能源价格上涨及环境保护需求等因素，可再生能源发电并网成为美国输电网建设的主要驱动力。然而，因美国各州在环境和经济方面的利益不同，跨州重大项目的决策难以达成一致，导致很多输电项目无法获得足够的支持而被迫推迟，甚至搁浅。为解除这一困境，美国能源部 2005 年出台了一项新的能源法案，提出了国家利益输电走廊计划。基于该计划，美国能源部确定了需要建设的输电线路，划定了若干个"输电走廊"，有效避免了地方政府的干扰。在 2008 年之后，奥巴马政府提出的智能电网工程，更是促进了电网的统一和智能化，增强了全国电网特别是农村地区对可再生能源电力（包括风电）的调配与吸纳能力。

美国农村能源计划。美国农村能源计划是美国近年来在农村领域发展可再生能源的主导政策，该政策有针对性地优先援助了美国贫困农村社区、贫困能源社区、能源负担高的社区，为美国农村社区的能源发展注入了新动力。该政策的主要举措：为农业生产者和小型农业公司提供贷款和基金支持，用于购买、安装和构建可再生能源利用系统或改善能源利用效率；为农业和其他政府部门开展的可再生能源利用项目提供资金支持；针对相关组织和实体经济开展农业能源审计，并为其提供信息咨询和资金支持。2021 年，美国农业部扶持的新农村能源试点项目更是通过开发社区规模的分布式能源技术，推动农村能源社区建立友好伙伴关系，有效帮助农村社区发展可再生能源。

清洁能源革命和环境正义计划。2020 年，美国政府为确保实现 100％的清洁能源经济，制定了"清洁能源革命和环境正义计划"。该计划致力于加大清洁能源基础设施建设与改造力度，推动清洁能源领域就业、清洁能源技术创新，助力实现清洁能源本土制造。其中，太阳能拨款计划的颁布，更是通过开发、分配和实施太阳能技术加强了国家能源安全，促进了美国农业生产的多样化和环境的可持续性。

（二）政策措施

1. 约束型政策措施

强制购买。为推动可再生能源技术的推广，各州政府制定了《可再生能源组合标准》（Renewable Portfolio Standard）。该标准对美国农村电力公司的电力来源比例进行了规定，要求其所生产的电力中必须有一定比例来自可再生能源，这些可再生能源可以是风能、太阳能、生物质能或地热能等。具体来说，在实行可再生能源配额制的地区，通常电力公司每向电网输送 1 000 千瓦时的电力，就可以获得一个单位的可再生能源证书。各地电力公司要满足州政府设立的指标，就必须通过可再生能源发电或购买这些证书。现在，美国已有 30 多个州制定了可再生能源配额制，该项政策被视为推动可再生能源技术快速普及的重要措施。

限制开发。为推动碳减排并提升应对气候变化的能力，美国积极进行能源改革并大力推进清洁能源发展。拜登上台后，通过总统行政命令和联邦行政机构积极贯彻了"清洁能源革命"的理念与政策。这不仅让美国内政部和环境保护署负责"限制化石能源开发"，还撤销了特朗普时期鼓励油气生产相关的行政命令，加强了联邦政府对环保的监管，制定了严格的排放准则等联邦环保法规政策。除此之外，美国还发布了暂停在联邦土地和近海水域开展新的石油和天然气租赁活动的指令，大大限制了油气开发。这一举措无疑对农村地区的能源使用结构转型造成了巨大影响。

取消补贴。2015—2019 年，美国联邦政府通过税收优惠等直接或间接形式，平均每年对化石燃料提供约为 184.45 亿美元补贴，其中化石燃料生产环节的补贴最多，占比为 48.41%。这些补贴款项（划拨）在很大程度上增加了政府发展清洁能源的难度。因此，政府要求从 2022 年及以后的预算中取消化石燃料补贴，并计划在全球范围内呼吁其他国家也禁止化石燃料补贴。

2. 激励型政策措施

基金支持。1988 年，美国农业部的国家食品与农业研究所共同发起了可持续农业研究和教育基金（Sustainable Agriculture Research and Education）。起始阶段，该基金只是在部分地区试行，1995 年以后该基金已在美国各个地区推行开来。目前，农民和农场主可以申请的项目资助额度为 500～15 000 美元。1994—2009 年，太阳能利用项目共获得 30 余项资助。除了太阳能利用项目，该基金还支持水产养殖、复合太阳能—地热能供热系统、牲畜饲养供水系统等多个项目。

此外，为帮助能源消费较高的偏远农村地区获得成本较低的能源，美国农业部的农村公用事业服务中心还设立了高能源消费基金（High Energy Cost Grants），并根据高能源消费的标准（某一地区的家庭能源消费是否超过全国平均水平的 2.75 倍）决定是否对其提供资金支持。该基金的创建，有效促进了偏远农村地区可再生能源发电系统的建设和利用。

税收减免。为推动个人和企业在太阳能利用领域的投资，美国联邦政府颁布了"联邦投资税收抵免"（Federal Investment Tax Credit）。该政策允许农民、农场主和农业企业均可以在安装太阳能设备时申请税收抵免，有效激发了农村居民对太阳能等清洁能源的使用热情。2022 年 8 月，美国出台了"可再生能源长期减税政策"，该政策通过了一项总额为 4 300 亿美元的法案，并明确了对风能和太阳能项目给予长期税收抵免的目标。另外，增设的对储能、沼气和氢的税收抵免条款，也在很大程度上推进了美国能源项目在农村地区的投入和建立工作。其中，法案中还指出若采用美国国产设备在贫困地区建设项目，风能和太阳能项目开发商还能获得更多支持。

贷款支持。为支持美国农村的电力基础设施建设和可再生能源发展，美国农业部下设的农村公用事业服务中心实施了"电力贷款政策"（Electric Loan Program）。通过该政策，美国农业部可以为农村的电力基础设施建设提供贷款支持，帮助美国农村社区和企业获得可靠、安全的电力能源，同时通过完善可再生能源发电系统（如太阳能、风电、水电、地热发电和生物质发电等），可有效促进美国农村地区可再生能源的发展。此外，电力贷款和贷款担保的服务对象主要为农村企业、实体和电力供应者，通过贷款等资金支持可有效帮助农村基础设施建设或改进电力生产、传输及配电设备等。

四、 美国农村能源政策发展趋势

（一）向清洁能源使用转变， 帮助服务欠缺的农村社区降低能源成本

1992 年，美国出台了《能源政策法》，并认为这部法律可以使美国走向一条清洁的路径。2014 年 6 月 2 日，美国联邦环保局提出了清洁能源计划，力求建立一个既经济又可靠的能源制度，同时减少污染，保护美国民众的健康和环境。多年来，在全球推进低碳能源转型的背景下，美国农业农村政策的侧重点日益向清洁能源的利用倾斜。2019 年，美国能源领域的一个标志性事件是可再生能源的消费量首次超过煤炭，成为继石油和天然气之后的第三大能源消费来源，为帮助服务欠缺的农村社区降低能源成本、提高清洁能源的使用效率和抵御能源危机的能力作出了重大贡献。2021 年 1 月 19 日，美国农业部宣布斥资 1 000 万美元启动农村清洁能源试点计划，并在农村城镇开发了装机容量不超过 2 兆瓦的可再生能源项目。这些政策无一不向世人展示着美国农村能源发展向清洁能源转变的明确趋势。

（二）因地制宜发展农村能源产业， 建立自给能源社区

在美国，远离大城市的农村要解决用电问题，就必须发展分散式（分布式）发电技术。另外，充分利用不同地区的自然资源条件，因地制宜地开展能源利用，最大化地利用能源资源，也是美国农民的不懈追求。如美国在贫困乡村建立风、光、电能基础设施，大力发展风能和太阳能产业，实现偏远地区农村居民的能源自给，提高农民福利；在种植玉米或甘蔗地区，大力发展生物燃料能源产业等。越来越多的工厂在美国农村建立，这些工厂大部分生产酒精，少数制造生物柴油，此类工厂建筑已经形成了美国农村新的风景线。此外，美国农村乡镇还积

极推进农产品加工废弃物如稻壳、玉米芯、花生壳、甘蔗渣和棉籽壳等生物质能的转化利用，实现能源自给。2016 年，美国农业部宣布投资超过 3 亿美元支持农村小型企业开展可再生能源和提高能效项目，其中风电农业产业成为美国农村能源建设的重点领域。另外，为建立和发展农村能源社区，2021 年美国农业部通过了新的农村能源试点项目，致力于开发社区规模的分布式能源技术、创新和解决方案。

（三）注重可持续发展和创新技术应用

为了维护环境和经济的可持续发展，减少大量进口石油对美国财政和国家安全的潜在威胁，美国政府和能源产业部一直十分重视新能源技术的研究。能源的关键技术主要包括能源效率的提高技术，能源储存、调节、分配和传输技术，以及先进发电技术三个方面。围绕能源技术的研发，美国政府制定了诸多能源研发计划和资金支持政策。如 2009 年，美国政府投资 4 亿美元启动了高级能源研究计划局，以创建专门进行能源技术研发的新机构。此外，生物质能应用技术开发和产业化实践也一直受到国家战略层面的重视。在资金支持方面，各州为促进可再生能源发展建立了公共效益基金及诸多风险投资基金，为可再生能源的技术研发提供了资金支持。2022 年 9 月 14 日，白宫举办的"国家生物技术和生物制造计划峰会"指出，美国能源部将提供高达 1 亿美元的资金支持，用于推动生物质转化为燃料和化学品的研发等工作。

参考文献

陈潇，2019. 美国农业现代化发展的经验及启示［J］. 经济体制改革（6）：157 - 162.

丁青充，1996. 美国能源技术优势要览［J］. 全球科技经济瞭望（11）：28 - 31.

蒋剑春，2002. 生物质能源应用研究现状与发展前景［J］. 林产化学与工业（2）：75 - 80.

瞿新荣，2021. 拜登新能源政策对美国石油行业有何影响？［J］. 能源（3）：30 - 32.

刘春燕，2014. 美国农业环境问题与风险对我国的警示［J］. 西部学刊（7）：71 - 74.

刘书秀，刘劲松，2018. 美国"能源独立"现状、政策演变与经验分析［J］. 煤炭经济研究（2）：40 - 46.

鲁楠，1985. 美国农村能源开发与利用概况 [J]. 沈阳农学院学报 (3)：86-95.

潘启龙，韩振，陈珏颖，2021. 美国农村阶段发展及对中国乡村振兴的启示 [J]. 世界农业 (9)：76-82.

王海滨，王冰，杨科辉，2017. 美国石油市场政策从管制到放开 [J]. 中国石化 (12)：69-71.

王震，赵林，张宇擎，2017. 特朗普时代美国能源政策展望 [J]. 国际石油经济 (2)：1-8.

谢伟，2016. 美国清洁能源计划及对我国的启示 [J]. 学理论 (1)：108-109.

袁惊柱，朱彤，2018. 生物质能利用技术与政策研究综述 [J]. 中国能源，40 (6)：16-20+9.

张广胜，2015. 美国农业 [M]. 北京：中国农业出版社.

张毅，张扬，2011. 北美电力系统可再生能源接入及输电系统规划实践 [J]. 能源技术经济，23 (8)：1-7+23.

张嵋喆，王君，林中萍，2008. 美国生物质能产业发展现状和相关政策研究 [J]. 全球科技经济瞭望 (12)：5-8.

赵庆寺，2009. 美国强制性石油进口配额计划及其影响 [J]. 湖北社会科学 (10)：112-115.

朱玲玲，2022. 拜登政府的"清洁能源革命"：内容、特点与前景 [J]. 中国石油大学学报 (社会科学版)，38 (4)：45-55.

Delmas M A，Montes-Sancho M J，2010. Voluntary Agreements to Improve Environmental Quality：Symbolic and Substantive Cooperation [J]. Strategic Management Journal，31 (6)：575-601.

Delmas M A，Montes-Sancho M J，2011. US State Policies for Renewable Energy：Context and Effectiveness [J]. Energy Policy，39 (5)：2273-2288.

Laird F N，Stefes C，2009. The Diverging Paths of German and United States Policies for Renewable Energy：Sources of Difference [J]. Energy Policy，37 (7)：2619-2629.

Menz F C，2005. Green Electricity Policies in the United States：Case Study [J]. Energy Policy，33 (18)：2398-2410.

Menz F C，Vachon S，2006. The Effectiveness of Different Policy Regimes for Promoting Wind Power：Experiences from the States [J]. Energy Policy，34 (14)：1786-1796.

Owen E L，1998. Rural Electrification：the Long Struggle [J]. IEEE Industry Applications Magazine，4 (3)：6-17.

Shoeib E A H，Infield E H，Renski H C，2021. Measuring the Impacts of Wind Energy Projects on US Rural Counties Community Services and Cost of Living [J]. Energy Policy，153：112279.

第十一章

美国农村发展政策

美国 3 143 个县近 2/3 是农村地区，占美国土地总面积的 72％。纵观美国的发展历史，农村人口一直处于主导地位，直至 20 世纪 20 年代以后，这一现状才有所改变，农村人口的占比开始逐年下降。如今，美国仅有 14％的人口居住在农村地区，而从事农业的人口比例更低，但这部分人口却是保障美国粮食及重要农产品供给的主力军，为全国 3.3 亿人口提供粮食安全保障。

自 20 世纪 30 年代以来，美国的农村发展政策经历了从关注单一问题到关注多元问题的转变，施策重点由大力兴建基础设施转向多领域协同发展。具体而言，美国对农村发展的理解与规划可以概括为四个方面。一是基础设施的规划与开发，旨在将农村建设成为宜人宜居和适合投资的地区；二是构建农村工农商产业体系，解决农村人口的就业问题，提高其收入水平；三是加强农村人才队伍建设，优化人力资本存量；四是保护和利用农村自然资源，改善农村居住环境，确保农业生产的正常运行。

一、　美国农村发展政策的主旨

（一）农业是农村发展的主要引擎

美国是全球顶尖的农产品生产和出口国之一，其主要农产品包括玉米、小麦和大豆等，得益于中西部大平原地区丰富的农业资源，其农业产出水平较高，被誉为"世界粮仓"。美国是世界上拥有耕地面积最大的国家，并以不足 2％的农业人口保障了全国 3.3 亿人的粮食供给。以家庭经营为主的农场是美国农业生产的基本组织单位。2021 年，美国共有 2 003 754 个农场，其中 98％是家庭农场，且这些家庭农场的经营收入高于美国家庭平均收入。2021 年美国家庭农场经营收入中位数达到 92 239 美元，高于全国平均水平。

农业是农村发展的重要支撑，美国农业产值虽仅占 GDP 的 1％左右，但加上与农业生产、加工密切相关的食品等行业，占比则达到了 5.5％。2022 年 12 月，美国经济分析局（U. S. Bureau of Economic Analysis）发布的县级 GDP 年度评估报告为我们提供了一种衡量单个县和非都市地区经济贡献的方法。通过对 GDP 的分析，我们得以窥见农业生产对当地经济的重要性。对非都市县而言，农业贡献了当地 GDP 的一半以上（52.3%）。2001—2008 年，农业带来的 GDP 份额在都市县和非都市县的分布较为均衡。但自 2008 年之后，非都市县的农业产值快速增长，在剔除通货膨胀因素后，非都市县农业部门在 2001—2021 年创造的 GDP 增长了 50%，为经济发展提供了强有力的支撑。

（二）农村发展关系美国经济稳定

美国农村不仅拥有为美国和世界大部分地区提供食物和生物燃料所需的自然资源，还拥有重要的制造业、服务业和娱乐业，为国家的经济稳定和人民福祉的增进作出了重要贡献。根据美国农业部的定义，农村地区是指人口少于 5 万的地区，即非大都市地区。据悉，美国 3 143 个县中有近 2/3 是农村，农村地区占全国土地总面积的 72%。

自 1820 年美国国会颁布了《土地法》以来，政府通过削减土地面积及价格，使得大部分家庭有能力购买土地，从而加速了家庭农场制的建立，之后又颁布了《宅地法》等，进一步降低农户获得土地的门槛，有效促进农村的发展。纵观美国历史，农村人口一直处于主导地位，直至 1920 年，美国农村人口才以 49% 的比例首次成为"少数群体"。在早期，美国大多数人口生活在农村，能够直接获取食物供应，但随着工业化和城镇化进程的推进，农村劳动力开始向工业领域转移，农村人口数量急剧下降。1980 年，大约 26% 的美国人居住在农村地区，而如今，这一比例已降至 14%。从事农业生产的人口则更少，仅为总人口的 2%。就是这 2% 的人口，保障了全国 3.3 亿人的粮食供给，以及玉米、小麦和大豆等农产品的出口。

农村劳动力供给短缺下的稳产保供，主要依靠农业机械化、便利的基础设施，以及相对完善的产业结构。19 世纪中后期，机械设备开始在家庭农场中推广应用；20 世纪 50 年代，美国农业领域全面实现机械化，农业机械化率达到 96%。在农村基础设施方面，20 世纪 30 年代后，美国政府开始实施以兴建农村基础设施为主要策略的农村发展政策，包括兴修供电设施、道路等，有效促进了农业的发展与农村居民生活水平的提高。2017 年，美国农业就业人数为 285 万人，占整个就业人口的 1.66%。在农业机械化等因素支撑下，美国鸡肉、牛肉和猪肉产量分别位居世界第一、第二和第三，粮食产量约占世界总产量的 1/5。

二、 美国农村发展政策历史演变

（一）以大力兴建基础设施为主导的农村发展策略（20 世纪 30 年代至 70 年代）

20 世纪 30 年代，美国遭遇了全球经济史上最严重的经济危机，大量工厂倒闭、工人失业、银行破产，成千上万个家庭陷入贫困，整个国家处于萧条和动荡之中。从 1929 年 5 月到 1932 年 7 月，美国的 GDP 从 1 044 亿美元下降至 410 亿美元。这场起源于美国的大萧条，迅速波及了对美国资本依赖较为严重的德国和依赖世界市场的英国，紧接着便蔓延至全世界大部分地区。大萧条给美国经济造成严重冲击，尤其是在农村地区。1929 年以后的几年里，美国农产品价格持续大幅下降。谷物变为取暖燃料，牛奶被倾倒在河沟，农场主大量破产，农场被贷款银行拍卖，农业生产陷入了前所未有的危机，并进一步影响工业领域，加剧了工业危机。

1933 年，罗斯福当选为美国总统，开启了以"复兴、救济、改革"为核心的"罗斯福新政"，其主要措施为整顿银行与金融系统、复兴工业、调整农业、以工代赈、大力兴建公共工程等，旨在通过美国政府对社会经济的全方位、系统性干预，帮助经济复兴，改善和提高人民生活水平。

农业农村领域是罗斯福新政关注的重点领域。1933 年 5 月，美国国会通过了《农业调整法案》，通过农业津贴引导农民生产，促进农业结构调整，减少大宗农产品生产的过剩供给。罗斯福新政时期的农业调整政策在提高农产品价格、增强农民购买力和缓解农产品过剩危机方面取得了明显效果，农村也开始由衰退走向复兴。此外，农村电气化也是关注的重点。1935 年，农村电气化管理局成立。1936 年，美国颁布了《农村电气化法案》，开始为农村电气化设施提供低息贷款，加快建设和完善农村电气化设施，推动农村电气化水平向城市看齐。《农村电气化法案》有效促进了农村电气化硬件设施建设的标准化、工厂化、规范化，大大加快了农村电气化进程，有效提高了农村居民生活质量，极大改善了农业生产条件。

这一时期，美国政府也关注农民增收问题。20 世纪 30 年代以来，农民受益于农产品价格支持计划（Price Support Program），获得了相对稳定的农业利润。此外，1948 年在《农业法案》及 1949 年的新增条款也对农民收入提出了要求，各级政府要为农民提供销售贷款补贴、差额补贴和储藏补贴等。然而，自 20 世纪 50 年代以来，美国农村贫困率仍处于较高水平，且高于城市贫困率，两者分别为 16.1%和 13.7%。到了 20 世纪 60 年代，随着农业人口的非农转移，农业在农村经济中的比例不断下降，相关农村发展项目开始逐步调整方向，由消除农民贫困转移到振兴整个农村，这一转变促进了 20 世纪 70 年代兼顾多领域的农村发展政策体系的逐渐形成。

（二）兼顾多领域的农村发展政策体系逐渐形成（20 世纪 70 年代至今）

20 世纪 70 年代，美国农村发展政策开始由单一发展基础设施转向多领域、全方位的发展策略，并以提高农业产出、保障农民收入和改善农民生活水平为主旨。1972 年，美国出台了《农村发展法》，涉及农村农业生产、就业、住房、卫生服务、教育等多领域内容，包括为农村领域提供技术支持，建立农村发展规划，明确农场需求和提供针对性的服务等。1972 年《农村发展法》的实施标志着美国开启了农村发展政策制度化时代，国会开始频频立法，并成立专门机构以保障农村发展。

以《农村发展法》为契机，美国政府加大对农村领域的关注力度。1973 年《农业与消费者保护法案》、1977 年《食品与农业法案》、1987 年"农村复兴计划"（Rural Regeneration Initiative）、1990 年《食物、农业、资源保护及贸易法案》、1996 年《农业自由化法案》、2002 年《农业安全与农村投资法案》、2014 年《食物、农场及就业法案》、2018 年《农业提升法案》等，它们的出台，逐渐形成了美国农村发展政策体系。自 20 世纪 70 年代以来，为促进农村地区发展，尤其是在提高农民收入和激活农村消费市场方面，美国政府相继实施了多项助农补贴。例如，在 2007 年，美国政府在农村经济发展上投入了 400 亿美元，用于交通基础设施建设、农村住房、农村能源和通信基础设施升级，以及对农村企业的补贴等。在政策激励下，农村地区开始大规模吸引各领域的公司入驻，进一步盘活美国农村经济，1981—1993 年，农村地区创造了 300 多万个非农就业岗位，非农就业总量增长率超过了城镇地区。此时期，涉及美国农村基础设施建设、产业体系构建、人力资本培育等多方面的农村发展政策体系逐步走向成熟。进入 21 世纪后，美国农村发展政策进一步侧重生态环境建设，尤其是在 2018 年出台的《农业提升法案》中，对生态保护、耕地保护等作出了详细要求（图 11 - 1）。

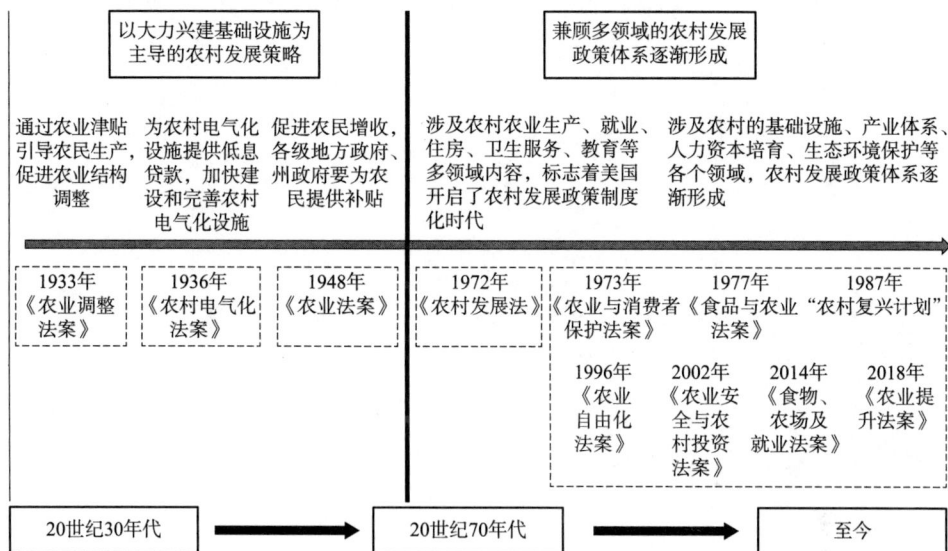

图 11 - 1　美国农村发展政策历史演变

在农村领域的工作机制上，美国形成了完善的领导机制与工作模式。1980 年出台了《农村发展政策法案》，进一步明确了农业部在农村发展机构中的领导地位，并扩大了 1972 年《农村发展法》的适用范围。该法案授权农业部可以在各个州随时开展农业开发需求建议评估。1993 年，国会批准在 7 个地方试点成立农村发展署（Rural Development Adminitration）。然而，1994 年农村发展署试点关闭，乡村发展计划由农村住房、公共事业和商业与合作发展服务局三方共同承担；2017 年，美国成立了农村发展事务跨部门联合工作小组，统筹各方工作。

三、 美国农村发展政策综述

20 世纪 30 年代初，为提升应对经济大萧条的能力，促进经济复苏，美国联邦政府开始加速推进农村基础设施建设。自 20 世纪 70 年代以来，美国农村发展政策的关注重点逐渐转向基础设施、产业体系、人力资本和生态环境等多个领域，逐渐形成了较为完善的农村发展政策体系，表现出精准布局、协同推进的典型特征。

（一）美国农村基础设施建设相关政策

1. 1936 年《农村电气化法案》奠定基础

农村基础设施包括交通、水电、环境保护、文化教育、卫生事业等公用工程设施和公共生活服务设施，是为直接生产部门和生活提供公共条件和公共服务的设施。这些设施既是农村居民生产生活的物质基础，也是农村正常运行的保障。美国农村基础设施建设政策经历了由较为单一的电气化支持政策转向医疗、住房等方面的全方位支持政策。

1936 年，美国颁布了《农村电气化法案》，这是一部极具代表性的农村发展法案，也是当代美国农村基础设施建设政策的起点。《农村电气化法案》旨在打破农村基础设施建设的融资困境，赋予农业部农村电气化司（Rural Eletrication Administration）更多的发展政策支持功能。该项法案颁布初期主要通过提供农村电气化贷款应对经济大萧条，允许政府为合作社提供低息贷款，用于建设农村地区的输变电设备。合作社成员共同向电力公司批发电力，通过合作社的输变电体系向农民家庭输送。整体而言，《农村电气化法案》在一定程度上推动了农村合作社经营体制的变革，也推动了农村电气化硬件设施建设的标准化、工厂化、规范化，大大加快了农村电气化进程。据统计，在农村电气化司成立前，1919 年美国农场的通电率只有 1.9%，1929 年也仅为 9.5%。而在这项政策的支持之下，1935—1960 年由美国中央变电设备输送电能的农场比例从 10.9% 上升到 97%，基本实现了全覆盖。

自 20 世纪 80 年代开始，农村地区医疗保障不足、农村住房老旧等问题逐渐引起联邦政府的重视。1980 年，美国出台了《农村发展政策法》，赋予农业部更多农村发展职能，从侧重计划分析转向应对农村社区在住房、灾害救助等方面的需要，为农村社区开发工作提供了指导。1994 年，美国将农村电气化司改为农村公共事业署，除延续原有职能之外，还增加了为农村社区建设现代化医疗保障体系、通信网络等多元基础设施建设的职能，这些举措使美国农村发展的基础条件趋向扎实稳固。

2. 农村基础设施建设体系基本形成

美国关于农业农村发展的指导性政策法案是《农业法案》，该法案自 1990 年起，每六年修订一次。近年来，美国支持农业农村发展的政策大多以 2014 年《农业法案》为蓝本进行修改和工作部署，其政策体系及目标规划在农村发展方面更具代表性。"建设宜居宜业的农村居住环境"是美国农村基础设施建设的主要政策目标之一。2014 年《农业法案》中的"农村发展"部分充分说明了这一点，其内容基本与农村社区建设有关，如建设投资农村宽带、水和污水处理设施，支持农业增值和农村商业活动，扶持落后农村社区，为学院、医院、公共安全等必需设施提供融资等。依据法案内容，美国农业部主要采取了以下措施。

（1）为农村居民提供安全住房。住房项目是农村发展政策的重要组成部分，旨在确保农村居民能够获得经济能力范围内的安全住房，营造舒适整洁的私人生活环境。2009 年以来，住房项目已累计帮助 2.1 万个农村社区、超过 62.5 万个农村家庭获得安全住房。此外，还为 1 000 个以上的地区住房发展项目、将近 8 000 个社区设施项目提供了资金支持。

（2）支持农村产业发展。2009—2018 年，美国通过商业合作项目为 7.5 万个农村企业提供金融工具援助，保留和创造了超过 37.5 万个就业岗位，并设立专项补贴资金，通过开展全国竞赛的形式鼓励农业生产者参与农产品加工、市场销售等环节，实现农产品增值。

（3）增加农村基础设施建设投资。政府公共事业服务部门为农村地区提供购置净水、污水处理、宽带、电气化等关键基础设施的资金支持。2009 年以来，美国宽带设施投资使得超过 700 万居民、36.4 万个企业享受到互联网服务。净水和污水处理设施项目数量接近 7 000 个，保障了 2 000 多万居民的健康饮水需求。

（4）优先支持贫困地区村庄发展。美国农业部通过"奋斗力量倡议"（Strike Force Initiative），促成联邦、州和私人机构的有机合作，努力推动约700个贫困县的经济发展，并针对发展严重滞后的农村地区设立专门条款，规定为其提供特定的融资工具。值得注意的是，美国农业部、地方政府及地方组织在落案上述项目时拥有一定的自由裁量权，如执行2％的低利率、延长还款期限和审批最高优先级项目等，且不用考虑配套和信用支持等要求，这在一定程度上节约了政策的执行成本。

（二）美国农村产业体系构建相关政策

美国现代农业产业体系的构建是以家庭农场、合同制联合企业和农业合作社为经营主体，以高度市场化和专业化的社会化服务为依托，不断延长产业链，提升整体农业产业的竞争力，实现较高的供给质量和供给效率，具体包括以下四点。

1. 以高度市场化的家庭农场作为产业体系的"地基"

美国早在1862年就制定了《宅地法》，这部法律奠定了美国家庭农场发展的制度基础。据统计，2016年美国拥有约220万个农场，其中公司性质的农场数量不足10万个，合作农场更是少于2万个，其他全部属于家庭农场。2010年，在美国收入超百万美元的农场中，有88％采用了家庭自营的形式，其产值占全国家庭农场总产值的79％。近些年，公司化农场的数量不断增加并迅速崛起，无论是从耕地面积占比还是产品从销售额来看，都占据了较大的份额。

政府保护及促进农业生产项目，对家庭农场可持续发展起着至关重要的作用。美国政府十分重视农业的发展，先后设立并逐步完善了一系列农业生产与环境保护项目，这些项目都与家庭农场的发展速度和质量休戚相关。将家庭农场直接纳入农业发展规划范畴，尤其是针对农产品品质与产量的保护，以及耕地与环境的保护，可以确保家庭农场发展的可持续性。此类项目的突出特点之一是对家庭农场进行直接经济性补贴。其具体形式包括以下三种。

（1）农业商品相关项目。包括直接补贴、反周期补贴、销售贷款补贴、农业灾害补贴等。其主要依据是合法农作物种植面积。

（2）土地规划项目。主要包括环境质量激励项目和保护安全项目。大约60％的保护支付是针对大型家庭农场的，其直接目的是确保农业生产及产量，间接目的则是保护耕地环境。

（3）耕地保护项目。包括储备保护项目和湿地保护项目，主要是针对环境敏感型土地进行补贴。在此项目中，政府更看重环境的维护，该项目资金的73％用于退休家庭农场、居住及生活农场、低销售额的小规模家庭农场。这些项目使得此类家庭农场尽管农产品生产收入利润率较低（甚至为负），但仍然能保持较高的非农收入。当然，接受政府支付比例较高的农场主要集中在中等销售额的小型农场和大型农场，具体的补贴额度取决于参与相关项目的程度。由此可见，美国政府对家庭农场的支持几乎是全方位的，其政策体系是一个庞大的系统工程，这些政策既考虑了农户的切身利益，也考虑了家庭农场所具有的社会价值。

2. 构建高度发达、有序的农村市场体系

美国农村市场体系十分发达，资金、技术和土地等农业要素市场规范且有序。美国建立了包括农产品集散中心、共同出售市场、农产品期货市场、批发市场和集体零售市场等不同功能类型的市场体系，这一体系有效加快了农业产业化的市场化进程和现代化进程。相较于其他类型的市场，批发市场具有明显的规模效应和集聚效应，可有效促进农产品的流通。因此，美国一直将批发市场设施的规模化和现代化作为现代农业产业体系的重要基础。为适应消费端的升级需求，有效提升农产品供给质量和流通效率，美国为市场设施自动化、规模化和现代化建设提供了充足的资金支持。

1966—2014 年，美国先后出台了 6 项与农业信息化相关的法律法规和发展计划，包括《信息自由法案》《农业研究、推广和教育政策法》《联邦农业完善和改革法》《农业安全与农村投资法案》《农业法案》和《国家信息基础设施计划》，为"智慧农业"及其产业链条的发展提供了良好的政策环境和财政支持。通过加强信息服务和政策引导，美国鼓励农业生产者组建符合市场需要的支柱产品和特色产品，增强满足消费端的供应能力和供应质量，实现了依靠市场和政府传导调整农业种植结构的效果。

3. 多样化公共服务政策完善产业发展体系

完整的产业发展体系离不开必要的公共服务支撑。农业生产领域的公共服务在美国现代化的过程中得到了较好的供给，具体做法包括农业科技推广、农村道路、电力与通讯及农业保险等。首先，美国建立了完善的农业科技推广法律保障体系。1914年的《史密斯-利弗农业推广法》奠定了美国农业技术推广体系的基础。此后，为促进农业科技推广的发展，政府以农学院为中心，建立了包括联邦、州和县在内的农业科研、教育和推广体系，无偿为农民提供服务。企业和农民合作组织在高贴现率的农业科技推广项目中发挥重要作用。其次，农村道路、电力与通讯是经济社会发展的基础。美国国会通过了《交通公平法》《农村电气化法案》《电力合作社法》等，保障农村地区道路畅通、用电稳定。农村公用事业服务局通过"社区联系赠款项目"促进了偏远农村地区的网络信号发展。此外，美国还是最早开办农业保险的国家之一，颁布了《联邦农作物保险法》《农业风险保障法》等，建立了较为完善的农业保险体系。在不断发展更迭中，美国农业保险的着力点也从保障农作物产量向保障农场主收入的方向转变。

4. 制定高效、多样化的农业产业保护政策

由于农业本身的弱质性（尤其是大宗农产品）特点，要想实现高质量发展，离不开产业结构调整、资金投入优化和科技力量支撑，更离不开政策扶持和产业保护。为确保农业政策的不断更新和完善，美国国会按照每六年制定一次农业法案的惯例，及时调整和优化对农业生产的补贴政策和产业保护政策。以玉米、小麦和棉花等大宗农产品为例，如果严格按照生产成本核算体系计算，美国农场基本处于亏损状态。然而，美国农场主仍能在大量亏损的情况下进行生产，主要原因是美国一直实行"工业反哺农业"的政策，实施农产品支持价格补贴、农业投入品差价补贴、购销差价补贴、休耕补贴、农产品储备补贴和农产品出口补贴等多种补贴方式。美国制定的农业政策，不仅有效满足了农业作为国家基础产业的内在需求，还客观上提升了其产品在国际市场上的竞争力。

（三）美国农村人力资本培育相关政策

农村人力资本培育是提升基层组织领导能力、激发内生发展动力、提高农业发展质量的关键要素。美国通过改善乡村生活生产条件，留住了农民的中坚力量，利用优惠政策，吸引大量城市人才建设农村，凭借系统全面的农业职业教育，提高农民的综合素质，为农村发展提供了坚实的人力资本支持，确保了农村高质量发展。美国农村发展历程中有关人力资本培育典型的政策及措施，主要概括为以下五个方面。

1. 构建并优化农业职业教育体系

随着传统农业向现代农业转型，培养懂技术、懂管理的高素质农民越来越重要。因此，完善的农业职业教育体系必不可少。从 1857 年美国国会商议以公共土地资助各州设立"赠地学院"的提案开始，美国便以立法形式对新晋农场主、农业雇工或者农业组织等开展培训和教育，充分利用高校人才密集、设备先进的优势，集中大量人力物力，持续不断地培养农业现代化所需要的大批实用型人才。目前，美国建立了完善的农业职业教育体系，在线教学、科学研究和技术推广一体发展。在技术推广过程中，遍布美国各州、各县的农业试验站扮演着重要角色，他们负责对农业从业人员进行职业技能培训，教授包括农产品种养、农场园艺设计管理、农机使用维修等在内的专业知识。

2. 助力新从业农民迅速适应农业生产

2018 年 12 月，美国出台了《农业提升法案》，该法案主要对 2019—2023 年的农业农村发展提出了目标和规划。其中，与人力资本培育相关的内容主要集中在"新从业农民发展计划"。具体表现为，通过提供更多的教育培训机会、加强科学知识普及和技术援助，确保新从业农民能够适应现代农业快速发展的需要。此外，《农业提升法案》还提出要为新从业农民、初创公司、退伍军人提供更多获得土地和资金的机会，从实际资源的供给上鼓励他们进入农业部门工作。

3. 实行行业资格认证制度，尊重农民的社会地位

"尊重当地农户，以当地农户为主体，明确农民始终是农村发展的主体和主要受益者"是美国农村发展所坚持的重要原则之一。在美国，农业已经成为一种具有竞争力的职业选择。同时，美国推行职业资格准入制度和职业农民注册制度，赋予美国农民较大的政治影响力。从职业认知和准入门槛层面上来看，农业就业已成为一种与银行业、工业等行业一样社会认可度的职业，区别仅在于社会分工不同。

4. 充分开发互联网资源，实现专业信息高效传递

美国公共服务体系专门运营了一个非营利的全国性网络平台"extension"。

该平台嵌入各州赠地大学的知识信息系统，全国农民及农业服务人员都可免费从该平台获得内容全面、客观权威的专业信息及咨询服务。各州赠地大学也搭建了网络平台，与农民进行信息的传递与互动。例如，康奈尔大学专门开发了工学院职工与纽约州各地小型农场主交流的网站。农场主可根据自身的种植经验及实际需求，在线参加 5～8 周的"私人订制"专业互动式课程。在课程期间，网站还会举行每周一次的网络研讨会，农场主可及时向专家提问、咨询。会后，讨论记录也将在平台上发布，以方便其他用户学习，从而提升农民的技能水平。

5. 辅以优良条件，提高人才黏性

为达到"吸引人才、留住人才"的目的，美国政府主要从建设美丽乡村和稳定农民收入来源两方面入手。具体而言，一方面，美国政府投入大量资金对农村地区交通、供水、电力、通信等基础设施进行完善，实现农村村容整洁、环境优美、交通便利的目标。同时，加强乡村"软实力"建设，不断提高农村公共服务水平，完善教育、医疗、养老等公共服务，金融、保险等便民服务，不断缩小城乡差距。此外，美国政府还为农民建立了各类养老金，使城乡社会保障逐步均等化。美国政府还对农民购买农资、设备，以及建设农业生产附属设施进行补贴，以减轻农业劳动强度，改善农业生产条件。另一方面，农业容易受气候变化、自然灾害影响，加之农业生产率与工业生产率相比提高得慢，导致城乡收入存在自然扩大趋势。要留住农民，就必须降低农业经营风险，保障农民收入稳定。因此，美国各州普遍建立了完善的农业保险制度，并不断丰富农业保险品种，扩大农业保险覆盖面，制定合理的赔付标准。通过制定粮食收购保护价、建立国家粮食储备制度等方式，对农产品价格进行托底保障。

（四）美国农村生态环境建设相关政策

生态环境建设是促进人类与环境和谐、提升人类健康与福祉的关键所在。农村地区自然资源丰富，如何在借助资源禀赋推动农业经济快速发展的同时，保护好生态环境，实现经济与生态环境建设的协同发展，是世界各国必须面对的核心问题。美国通过颁布实施一系列法案，彰显生态系统及自然资源的重要性和意义。

1. 耕地保护与地力提升

《农业提升法案》在五年内（2019—2023 年）投入 3 870 亿美元，用于农民营养健康、耕地保护、能源设施等方面。其中，关于农村耕地保护方面的具体措施如下。①实施农业生态保护地役权计划。帮助土地所有者、土地信托和其他实体通过保护地役权来保护和恢复湿地、草原、农场和牧场。②提供生态保护创新补助金。美国政府对那些拥有竞争力的项目予以奖励，以此推动农用土地保护工具和技术的创新。③推行土地休耕保护计划。通过签订长期租赁协议，对极易受到侵蚀的土地实行休耕管理，以保护土壤、水质和居住地。④实施环境质量激励计划。为农业生产者提供财政和技术援助，以解决自然资源问题并提升环境效益。

2. 农村清洁能源与节能技术逐渐普及

1936 年，美国颁布了《农村电气化法案》，标志着美国农村能源发展政策体系的正式开启，其初期目标是通过为农村合作社提供低息贷款，建设农村电气化设施，以此来应对经济衰退，这也恰恰成为美国政府在农村地区推广电能使用的最佳时机。在该法案的推动下，同村村民合买发电机、输电线路等设备，并将各自的家庭和农场相互连接，形成了一种非营利性的"共享电力"模式。截至 1975 年，美国由中央变电设备送电的农场比例已高达 99％。截至目前，农村电力合作社仍是美国农村地区主要的供电来源，并随着太阳能和风能发电成本的降低，越来越多的合作社从燃烧化石能源转向使用可再生能源。

多年来，美国政府持续为农村电气化提供政策支撑。在全球推进能源转型的背景下，美国农业政策侧重点日益向清洁能源倾斜。2022 年 1 月 19 日，美国农业部宣布斥资 1 000 万美元启动农村清洁能源试点计划，在农村开发装机不超过 2 兆瓦的可再生能源项目，技术选择包括太阳能、风能、地热能、微型水电和生物质能，旨在帮助服务欠缺的农村社区降低能源成本，并提高其抵御气候危机的能力。

3. 污水治理与水资源保护

1972 年的《农村发展法》重点关注了农村生态环境问题中的污水处理和水资源保护问题。美国农业部依法开展与农村发展相关的研究与开发活动，主要包括解决农村供水、污水、固体废弃物管理和农村工业化等问题。同年，美国还出台了《清洁水法案》，并于 1987 年再次修订。该法案主要通过制定农村生活污水排放标准来监控农村污水处理设施，对排入地表水的农村污水处理设施实行排污许可证制度，并对水质受损流域内的农业面源污染进行控制，通过采用最大负荷总量计划制定排放限制值，实行总量控制。

■ 参考文献 ────────────────────────

戴宴清，2016. 美国农业企业化的基本经验 [J]. 世界农业 (12)：169 - 172.

杜辉，2019. 论农产品价格支持新政及其对农业国际竞争力的影响 [J]. 江西财经大学学报 (4)：91 - 100.

高国荣，2022. 从生产控制到土壤保护：罗斯福"新政"时期美国农业调整政策的演变及其影响 [J]. 北京师范大学学报（社会科学版）(6)：93 - 106.

韩一军，徐锐钊，2015. 2014 美国农业法改革及启示 [J]. 农业经济问题，36 (4)：101 - 109.

胡月，田志宏，2019. 如何实现乡村的振兴：基于美国乡村发展政策演变的经验借鉴 [J]. 中国农村经济 (3)：128 - 144.

黄文飞，韦彦斐，王红晓，等，2016. 美国分散式农村污水治理政策、技术及启示 [J]. 环境保护 (7)：63 - 65.

李超民，2008. 城乡对立：制度根源、矛盾化解与农村发展立法：以美国为例 [J]. 农业经济问题 (6)：103 - 108.

李腾飞，周鹏升，汪超，2018. 美国现代农业产业体系的发展趋势及其政策启示 [J]. 世界农业 (7)：4 - 11＋222.

刘丽伟，高中理，2016. 美国发展"智慧农业"促进农业产业链变革的做法及启示 [J]. 经济纵横 (12)：120 - 124.

芦千文，姜长云，2018. 乡村振兴的他山之石：美国农业农村政策的演变历程和趋势 [J]. 农村经济 (9)：1 - 8.

罗鸣，才新义，李熙，等，2019. 美国农业产业体系发展经验及其对中国的启示 [J]. 世界农业 (4)：43 - 46.

罗玉辉，2021. 中国共产党百年农村土地制度改革的"变"与"不变" [J]. 中州学刊 (8)：9 - 16.

潘启龙，韩振，陈珏颖，2021. 美国农村阶段发展及对中国乡村振兴的启示 [J]. 世界农业 (9)：76 - 82.

石自忠，王明利，2013. 基于 HP 滤波和 ARCH 类模型的美国苜蓿价格波动研究 ［J］. 世界农业（9）：111-117＋188.

宋丽智，2011. 20 世纪 30 年代经济大萧条的东方回应 ［J］. 经济学动态（7）：89-93.

王瑞彬，2018. 中美经贸关系的结构性变化：动向、原因、影响及引导路径 ［J］. 国际论坛，20（3）：40-48＋77.

王文龙，2020. 现代农民培育政策：国际经验与中国借鉴 ［J］. 云南行政学院学报（5）：140-147＋2.

杨为民，李捷理，蒲应龚，等，2013. 美国家庭农场可持续发展对中国的启示 ［J］. 世界农业（12）：134-137.

祝红梅，2023. 美国农业农村发展资金保障机制的启示 ［J］. 中国金融（2）：86-88.

邹璠，徐雪高，2021. 农业科技服务体系建设的国际经验及相关启示：以美国、日本为例 ［J］. 世界农业（2）：54-61＋119＋132.

Drabenstott M，2003. A New Era for Rural Policy ［J］. Economic Review-Federal Reserve Bank of Kansas City，88（4）：81-98.

Gardner B L，1987. Causes of US Farm Commodity Programs ［J］. Journal of Political Economy，95（2）：290-310.

Henry M，Drabenstott M，1996. A New Micro View of the US Rural Economy ［J］. Economic Review-Federal Reserve Bank of Kansas City，81：53-70.

Marshall R，2001. Rural Policy in the New Century ［J］. International Regional Science Review，24（1）：59-83.

Murray M，Dunn L，1995. Capacity Building for Rural Development in the United States ［J］. Journal of Rural Studies，11（1）：89-97.

Owen E L，1998. Rural electrification：the Long Struggle ［J］. IEEE Industry Applications Magazine，4（3）：6-17.

Partridge M D，Olfert M R，Ali K，2009. Towards a Rural Development Policy：Lessons from the United States and Canada ［J］. Journal of Regional Analysis & Policy，39（2）：109-125.

图书在版编目（CIP）数据

当今美国农业与美国农业政策 / 张蕙杰等著.

北京：中国农业出版社，2024.11. -- ISBN 978-7-109-32679-8

Ⅰ. F371.20

中国国家版本馆 CIP 数据核字第 2024UX9813 号

中国农业出版社出版

地址：北京市朝阳区麦子店街 18 号楼

邮编：100125

责任编辑：李　梅　　文字编辑：李海锋

版式设计：杨　婧　　责任校对：吴丽婷

印刷：北京中兴印刷有限公司

版次：2024 年 11 月第 1 版

印次：2024 年 11 月北京第 1 次印刷

发行：新华书店北京发行所

开本：700mm×1000mm　1/16

印张：12.5

字数：220 千字

定价：88.00 元
